G

19706

BIBLIOTHÈQUE
PORTATIVE
DES VOYAGES.
TOME XXI.

CONDITIONS DE LA SOUSCRIPTION.

L'ouvrage sera publié en 12 *livraisons*, qui seront mises en vente de mois en mois, à dater du 15 *Mai*; chaque livraison sera composée de 4 volumes; la dernière seule en aura 5, et sera néanmoins du même prix que les précédentes.

Le prix de chaque livraison, pour les personnes qui souscriront avant le 1er *Juillet prochain*, est fixé, sur papier fin, à . . 5 fr.
Papier d'Angoulême, Nom-de-Jésus . 8
Papier vélin satiné, fig. avant la lettre. 10
Papier vélin satiné, Nom-de-Jésus, figures avant la lettre 15

Passé le 1er Juillet, le prix pour les non-souscripteurs, sera, en papier fin. 6
Papier d'Angoulême, Nom-de-Jésus. 10
Papier vélin satiné 12
Papier vélin satiné, Nom-de-Jésus . . 20

Il faut ajouter 1 fr. 50 c. au prix de chaque livraison pour recevoir l'ouvrage franc de port par la poste.

ON NE PAYE RIEN D'AVANCE.

DE L'IMPRIMERIE DE G. MUNIER.—AN VII.

BIBLIOTHEQUE
PORTATIVE
DES VOYAGES,

TRADUITE DE L'ANGLAIS

Par MM. HENRY et BRETON,

TOME XXI.

SECOND VOYAGE DE COOK.

TOME III.

PARIS,

Chez V° LEPETIT, libraire, rue
Pavée-Saint-André-des-Arcs, n.° 2.

1817.

VOYAGES DE COOK.

NAVIGATION

Au Pole Austral et autour du monde, sur les vaisseaux *l'Aventure* et *la Résolution*.

CHAPITRE XIV (1).

Flotte d'Otahiti. — Succès d'Œdidée, parmi les Otahitiens. — Réception d'une grande abondance de vivres. — Entrevue avec la vieille Obéréa.

LE 26, j'allai à O-parée, pour faire à O-too une visite de cérémo-

_____

(1) C'est par erreur que le dernier chapitre du tome 2 a été désigné par le nombre VIII, au lieu du nombre XIII.

2e *Voyage*. T. III. A

nie. En approchant, nous vîmes en mouvement quantité de grandes pirogues. Nous fûmes extrêmement surpris d'en appercevoir plus de trois cents, rangées en ordre le long de la côte, toutes armées et équipées complètement. Une foule immense de guerriers couvroit le rivage. Cet armement, si inopinément rassemblé autour de nous dans l'espace d'une nuit, excita diverses conjectures parmi nos messieurs. Nous débarquâmes toutefois au milieu de la flotte. La plupart des naturels avoient des armes, mais les autres n'en avoient pas. Le cri des derniers étoit *Tyo no O-too*; celui des premiers étoit *Tyo no Towha*. Nous apprîmes par la suite que ce *Towha* étoit l'amiral ou commandant de la flotte et des troupes.

A mon arrivée à terre, un autre chef, nommé *Tée*, oncle du roi et l'un de ses ministres, vint au-devant de moi. Je lui demandai des nouvelles d'O-too. Towha me reçut très-poliment. Il me prit par une main, et *Tée* par une autre. Sans savoir où je desirois aller, ils me traînèrent ainsi à travers la foule qui se partagea en deux haies. Le peuple faisoit retentir en mon honneur des acclamations d'amitié. Il s'écrioit : *Tyo no Tootée*. Les uns vouloient me conduire vers O-too ; les autres vouloient que je restasse près de Towha. J'arrivai à la place d'audience ; on étendit une natte sur laquelle on me fit asseoir.

Tée me quitta ensuite, et alla chercher le roi. Towha m'invita à ne pas m'asseoir et à le suivre; mais, ne connoissant pas ce chef, je n'y voulus point consentir. Tée revint bientôt; et, voulant me conduire vers le prince, il s'empara de ma main. Towha s'y opposa; de sorte que les deux Otahitiens, me tirant chacun de leur côté, me fatiguèrent beaucoup. Je fus obligé de dire à Tée de souffrir que l'amiral me conduisît vers sa flotte. Dès que nous fûmes devant le bâtiment amiral, nous trouvâmes deux haies d'hommes armés, destinés, à ce que je supposai, à m'ouvrir le passage. Mais, comme j'étois décidé à ne pas y aller, je donnai pour prétexte l'eau qui se trouvoit entre les pirogues et moi. A l'instant, un homme se jeta à mes pieds, et m'offrit de me porter. Je déclarai positivement alors que cela ne m'étoit pas agréable. Towha me quitta sans que je visse quel chemin il prenoit : tout le monde refusa de me le dire.

Tée revint, et m'annonça que le roi étoit allé dans le pays *Mataou;* il me conseilla de me retirer sur ma chaloupe, ce que je fis en effet.

En entrant sur notre chaloupe, nous profitâmes de cette occasion pour examiner la grande flotte d'O-tahiti. (*Voyez la pl.* 13 *du* 2e *atlas.*) Les chefs et tous ceux qui occupoient les plate-formes de combat étoient revêtus de leurs habits militaires, c'est-à-dire d'une grande quantité d'étoffes, de turbans, de cuirasses et de casques d'osier, couverts de plumes et de dents de goulus. Quelques-uns de ces casques avoient près de cinq pieds de haut, et devoient être fort embarrassans. Tout leur accoutrement sembloit peu propre à un jour de bataille, et plus convenable à la représentation.

Des pavillons, des banderoles, etc., ornoient les pirogues. Cet ensemble formoit un spectacle pompeux que nous ne nous attendions pas à trouver dans ces mers. Les bâtimens étoient amarrés les uns près des autres, la proue tournée vers la côte : celui de l'amiral occupoit le centre.

Entre les bâtimens de guerre, il y avoit cent soixante-dix doubles pirogues plus petites, qui toutes portoient un petit pavillon, et de plus un mât et une voile qui manquoient aux pirogues de guerre. Nous jugeâmes ces bâtimens destinés au transport des munitions et des vivres.

Je ne comptai pas moins de sept mille sept cent soixante hommes sur ces trois cent trente bâtimens; ce nombre paroît d'autant plus inconcevable, qu'on nous dit qu'ils appartenoient aux seuls districts d'Attahourou et d'Ahopatea. Nous observâmes, sur quelques-unes des petites pirogues, des feuilles de bananes. Les naturels nous apprirent qu'elles étoient destinées à recevoir les morts. Ils leur donnoient le nom d'*E-vaa no t'Eatua* (*pirogues de la Divinité*).

Après avoir bien considéré cette flotte, je desirois beaucoup revoir l'amiral, afin de me rendre avec lui à bord des pirogues de guerre. Nous demandâmes inutilement de ses nouvelles. Enfin Tée arriva, et me dit à l'oreille qu'O-too étoit parti pour Matavaï; il me conseilla de m'en retourner, et de descendre dans un autre endroit. Je suivis son conseil, qui excita dans notre esprit diverses conjectures. Nous en conclûmes que Towha étoit un chef puissant révolté contre son souverain. Nous n'imaginions pas qu'O-too pût avoir d'autres raisons de quitter O-parée.

A notre arrivée à Matavaï, nos

amis nous apprirent que la flotte faisoit partie d'un armement destiné contre Eiméo, dont le chef avoit secoué le joug d'Otahiti, et s'étoit déclaré indépendant. Nous sûmes encore qu'O-too n'étoit pas à Matavaï, et même qu'il n'y étoit point venu; de sorte que sa fuite d'O-parée étoit inintelligible pour nous. Cela nous détermina à y retourner dans l'après-midi. Nous l'y trouvâmes alors, et nous apprîmes qu'il avoit évité de me voir le matin, parce que quelques-uns de ses sujets ayant volé quelques-uns de mes vêtemens qu'on lavoit à terre, il craignoit que je n'en exigeasse par force la restitution. Il me demanda, à plusieurs fois, si je n'étois pas fâché; et, sur ma réponse positive que je ne l'étais pas, que les voleurs pouvoient garder mes effets, il parut satisfait. Le même sujet alarma également Towha; il crut que c'étoit par suite de mon mécontentement que j'avois refusé de me rendre à son bord, et que je n'aimois pas à voir dans mon voisinage tant de forces dont j'ignorois la destination. Ainsi, un funeste mal-entendu m'enleva l'occasion d'examiner, avec plus de facilité, une partie des forces navales de cette île.

Le matin du 27 avril, Towha m'envoya deux gros cochons et des fruits par deux domestiques, à qui il défendit de rien recevoir. Je leur offris en effet des présens qu'ils refusèrent. J'allai bientôt à O-parée où je trouvai ce chef avec le roi. Je les ramenai dîner à bord avec leur suite. A l'approche du vaisseau, l'amiral, qui n'en avoit jamais vu, témoigna la plus grande surprise. On lui fit voir l'intérieur du bâtiment. Il en examina toutes les parties avec la plus grande attention. O-too, qui avoit eu le temps d'en étudier la structure, faisoit les honneurs, et lui expliquoit tout. Après dîner, Towha laissa un cochon dans les entre-ponts, et s'y retira sans me donner le temps de reconnoître par mes dons ce présent et celui qu'il m'avoit envoyé le matin.

O-too montroit beaucoup de respect pour ce chef : il desiroit que je lui en témoignasse aussi : et cependant il étoit devenu jaloux de l'amiral, je ne sais pour quel motif. Il nous avoit franchement avoué, la veille, que Towha n'étoit pas son ami. L'un et l'autre me sollicitèrent de les aider contre Tiarrabou, quoique la paix subsistât entre les deux royaumes, et qu'on m'eût assuré que leurs forces combinées alloient marcher contre Eiméo. J'ignore s'ils me firent une telle proposition dans l'intention de rompre avec leurs voisins et leurs alliés, au cas où je leur aurois promis du secours, ou bien s'ils voulurent seulement me sonder. Ils auroient sans doute saisi volontiers cette occasion de conquérir ce royaume. Quoi qu'il en soit, je n'entendis plus parler de ce projet, et je ne dis rien qui pût les y encourager.

O-too

O-too prenoit plaisir à instruire Towha de nos manières. Il lui apprit à se servir du couteau et de la fourchette, à manger du sel avec la viande, et à boire du vin. Il plaisantoit sur la couleur rouge du vin; et, au moment de le boire, il disoit que c'étoit du sang. Towha, ayant goûté du *grog* (de l'eau-de-vie mêlée avec de l'eau), voulut essayer de l'eau-de-vie seule, et l'appela *Evaï no-Pretanée* (de l'eau de la Grande-Bretagne). Il en avala un verre sans faire de grimace.

Le lendemain 28, Wahéatua, roi de Tiarrabou, nous envoya un cochon. Il nous demandoit en retour quelques plumes rouges que je remis avec d'autres présens à son député. Dans la foule des pirogues qui nous entouroient, il y avoit toujours des chefs de district qui nous apportoient des cochons et leurs effets les plus précieux pour les échanger contre les plumes rouges.

Heureusement les matelots en avoient vendu aux Marquises une quantité considérable, avant de savoir le prix qu'elles auroient ici. Sans cela, il est probable que la valeur des provisions se seroit tellement accrue, que nous aurions obtenu moins de rafraîchissemens qu'à l'époque de notre première relâche. Une seule plume formoit un présent d'une valeur prodigieuse, infiniment supérieure à celle d'un grain de verre ou d'un clou. Le plus petit morceau d'étoffe, revêtu de ces plumes, faisoit naître la folle joie que ressentiroit un Européen, s'il venoit à trouver le diamant du grand Mogol. Potatow nous apporta son casque monstrueux de cinq pieds de haut, et l'échangea contre des plumes. On nous vendit de cette manière des boucliers et ces singuliers habits qu'on refusa absolument d'échanger en 1769. Ces habits de deuil ont excité en Angleterre une telle curiosité, qu'un matelot en a vendu un vingt-cinq guinées.

Après qu'Œdidée eut raconté tout ce qu'il savoit des pays qu'il avoit vus, les chefs nous demandèrent continuellement des curiosités des îles d'Amsterdam, de Pâques, de Sainte-Christine, etc.; ils les préféroient aux marchandises d'Angleterre. Ils s'empressoient d'acquérir les nattes de l'île d'Amsterdam, quoiqu'elles fussent en général pareilles à celles qu'ils fabriquent. Nos matelots profitèrent de ce caprice pour les duper; ils leur vendoient, sous le nom d'Amsterdam, des nattes achetées aux îles de la Société. Ainsi il y a une analogie parfaite dans les goûts des hommes de tous les pays; ils veulent du nouveau.

Ce rapprochement nous parut plus frappant encore, en les voyant suivre en foule Œdidée, et lui prêter une oreille avide. Les vieillards lui témoignoient beaucoup d'estime. Les premiers personnages de l'île, sans en excepter ceux de la famille royale, recherchoient sa société. Cependant ce qu'il racontoit paroissoit quelquefois trop merveilleux pour qu'on y ajoutât foi; et alors les Otahitiens nous demandoient si ce qu'il disoit étoit vrai.

La pluie métamorphosée en pierre, les rochers flottans, les montagnes blanches et solides que nous changions en eau douce, et le jour perpétuel du cercle antarctique, leur sembloient sur-tout d'une telle invraisemblance, que nous eûmes beaucoup de peine à le leur persuader. Ils crurent plus facilement ce qu'on leur raconta des cannibales de la nouvelle Zélande.

Œdidée amena à bord de la Résolution une troupe d'insulaires, pour leur faire voir la tête du Zélandais, que M. Pickersgill conservoit dans l'esprit-de-vin. Ce spectacle attira une multitude d'Otahitiens. Ils assurèrent qu'ils savoient, par tradition, que très-anciennement il y avoit sur leurs îles des mangeurs d'hommes d'une taille robuste, et qui causèrent, dans toute la contrée, d'épouvantables ravages; mais que, depuis long-temps, cette race exécrable étoit éteinte.

Dans la nuit du 29, un des insulaires, ayant voulu voler une futaille, fut mis aux fers. O-too demanda sa liberté; mais je la lui refusai, en disant que, puisque je châtiois mes gens lorsqu'ils commettoient la moindre offense envers ses sujets, il étoit de toute justice d'infliger à cet Otahitien un châtiment exemplaire, qui serviroit même à sauver la vie à quelques-uns de ses compatriotes, en les détournant de pareils excès. Le voleur fut attaché à un poteau, et reçut vingt-quatre coups de fouet avec la plus grande fermeté.

Les naturels effrayés prirent la fuite; mais Towha courut après eux, les ramena, et leur fit une harangue. La grace de ses gestes, l'attention que lui prêta son auditoire, lui donnèrent, dans notre esprit, la réputation d'orateur.

J'ordonnai aux soldats de marine de faire l'exercice à feu, et de tirer des volées à balles. Comme ces manœuvres furent faites avec autant de promptitude que de précision, il est plus aisé de concevoir que de décrire la surprise des insulaires.

Towha revint l'après-midi avec sa femme, qui étoit très-âgée ; il emmena dans sa pirogue, à O-parée, M. Hodges et M. Forster. Pendant la route, Towha leur fit diverses questions sur la nature et la constitution de l'Angleterre. Il s'imaginoit que M. Banks étoit pour le moins frère du roi, et moi grand-amiral : il fut extrêmement surpris lorsqu'on le détrompa. Mais, ayant appris que notre pays ne produisoit ni noix de cocos ni arbres à pain, il en conçut la plus mauvaise opinion, quelques autres avantages qu'on lui exposât d'ailleurs.

Tous les soirs, les prostituées se divisoient en plusieurs troupes, qui dansoient sur nos gaillards d'avant et d'arrière, et sur le grand pont.

L'originalité et la bizarrerie de leurs idées nous amusoient quelquefois. Un de nos scorbutiques, dont les nourritures végétales avoient rétabli les forces, entraîné par l'exemple, fit sa cour à une Otahitienne, l'amena, vers le soir, dans son poste, et alluma une chandelle. L'Indienne considéra en face son amant; et, voyant qu'il avoit perdu un œil, elle le prit par la main, et le conduisit sur le pont auprès d'une fille à qui le même accident étoit arrivé. Elle lui dit : *Celle-ci vous convient; quant à moi, je n'aurai pas de privautés avec un borgne.*

Le premier mai, M. Forster père alla voir O-rettée, chef du district d'Ohiddéa, où débarqua M. de Bougainville..

Ce chef m'avoit déjà demandé si, à mon retour en Angleterre, je verrais M. de Bougainville, qu'il appeloit Potavirrée. Sur ma réponse négative, il adressa la même question à M. Forster, qui lui dit que cela étoit possible, quoiqu'ils ne fussent pas sujets du même royaume. « Alors, répliqua O-rettée, dites-
» lui que je suis son ami, et que
» je desire le revoir à Otahiti. Pour
» que vous n'oubliiez pas ma com-
» mission, je vous enverrai un co-
» chon dès que je serai chez
» moi. »

Il raconta ensuite que M. de Bougainville avoit deux vaisseaux, et sur l'un deux une femme très-laide. Il appuya beaucoup sur cette circonstance, car il lui sembloit extraordinaire qu'une femme seule s'embarquât dans une telle expédition. Il parla aussi du vaisseau espagnol, dont nous avions appris l'arrivée lors de notre première relâche ; mais il nous assura que ni lui ni ses compatriotes ne ressentoient beaucoup d'affection pour ces étrangers.

Nous apprîmes, le 3, qu'Œdidée venoit d'épouser la fille de Toperrée, chef de Matavaï. Un de nos volontaires avoit assisté à cette cérémonie ; mais il n'eut pas assez d'intelligence pour nous en rendre compte. Œdidée amena son épouse à bord; elle étoit jeune, d'une taille petite, et d'une beauté qui n'avoit rien de remarquable. Il nous annonça qu'il desiroit beaucoup s'établir à Otahiti, parce que ses amis lui offroient des terres, une maison, et des propriétés de toute espèce. L'un d'eux lui avoit cédé un domestique ou *towtow*, qui ne le quittoit jamais, qui exécutoit ponctuellement ses ordres, et qui enfin, par sa soumission et sa docilité, ressembloit à un esclave. Il renonça donc au projet de voyager en Angleterre.

Pendant la nuit du 7 au 8, une des sentinelles à terre fit une faute qui pensa troubler l'harmonie qui existoit entre les naturels et nous: elle s'endormit ou abandonna son poste; et l'un des Indiens saisit cette occasion pour lui arracher son fusil. Tée, que le roi nous avoit envoyé exprès, nous en donna la première nouvelle. Il me supplioit de me rendre

rendre auprès de lui , parce qu'il étoit *mataouée* (qu'il avoit peur). En débarquant , je trouvai les naturels fort alarmés : la plupart s'enfuirent ; Tée seul resta auprès de moi. En avançant, je m'efforçai de calmer les craintes du peuple ; mais j'insistai sur la restitution du fusil.

Après avoir fait quelque chemin, Tée s'arrêta tout-à-coup, et me conseilla de rétrograder, disant qu'O-too s'étoit réfugié dans les montagnes, qu'il l'iroit trouver seul , et qu'il lui diroit que j'étois toujours son ami. Je fus convaincu qu'il seroit superflu de m'avancer davantage. Quoique je fusse seul et sans armes , ce prince étoit si fort effrayé, qu'il n'osoit pas me voir. Je profitai de l'avis de Tée , et retournai à bord.

J'envoyai Œdidée vers O-too, pour lui persuader que ses alarmes étoient sans fondement; que je ne demandois pas autre chose que le fusil.

Nous observâmes six grandes pirogues qui s'approchoient de la pointe de Vénus. Quelques matetelots que j'avois chargés de surveiller la conduite des habitans des environs m'apprirent qu'elles étoient chargées de bagages, de fruits, de cochons, etc. Ceux qui les montoient prétendirent qu'O-too étoit en ce moment dans nos tentes. Le fait s'étant trouvé faux, nous nous emparâmes de cinq de ces six pirogues.

Sur l'une d'elles, il se trouvoit un chef, ami de M. Forster, qui, jusque là, s'étoit donné, avec ostentation, le titre d'E-arée. Je voulus l'envoyer vers O-too ; mais il s'excusa sur ce qu'il n'étoit point E-arée, mais Manahoua. Tous ses argumens auroient été inutiles, si Tée et Œdidée, qui revinrent alors, n'avoient pas donné une autre tournure à l'affaire, en disant que le voleur du fusil étoit de Tiarrabou, et rentré dans ce royaume, de manière qu'il s'y trouvoit hors de la puissance d'O-too. Je doutai de la vérité de ce rapport, jusqu'à ce que, m'ayant engagé à envoyer une chaloupe à Wahéatua, roi de Tiarrabou, ils s'offrirent à se charger de la députation, et à rapporter le fusil.

Quoique cette histoire ne me satisfît point entièrement, je crus néanmoins devoir relâcher les pirogues. Je chargeai Tée d'annoncer à O-too que je ne ferois plus de recherches au sujet du fusil; mais, vers la brune, trois hommes, qui avoient poursuivi le voleur, rapportèrent le fusil à nos tentes, avec quelques autres choses qu'on nous avoit volées sans que nous le sussions. J'ignore s'ils se donnèrent volontairement cette peine, ou s'ils agirent d'après les ordres d'O-too : je les récompensai convenablement.

Tous les insulaires qui vinrent nous voir ensuite, se vantèrent d'avoir eu part à la restitution, et ils demandèrent une récompense. Mais aucun ne joua mieux son rôle, qu'un vieillard nommé Nuno ; il s'approcha de nous avec un air farouche, et la fureur peinte sur le visage ;

il tenoit à la main une grosse massue. Il escrimoit autour de lui, pour nous montrer comment, à lui seul, il avoit tué le voleur : nous savions cependant tous qu'il n'étoit pas sorti de chez lui.

J'allai moi-même le lendemain à O-parée pour voir O-too. Je lui dis qu'il s'étoit inquiété sans raison, puisque je m'étois déclaré son ami, et que je n'étois aucunement fâché contre lui, ni ses sujets, mais bien contre les habitans de Tiarrabou, seuls auteurs du vol. Il me demanda alors pourquoi j'avois fait tirer sur ses pirogues. Je repondis que cela étoit arrivé par hasard; que d'ailleurs ces bâtimens appartenoient à Maritata, l'un des chefs de Tiarrabou, qu'un de ses sujets avoit volé le fusil, et occasionné tout le tumulte ; que si je reprenois ces pirogues, je les mettrois en pièces, ainsi que toutes les autres de ce royaume. Cette déclaration eut le succès que j'en attendois, parce qu'il avoit, contre ses voisins, une aversion naturelle.

Nous retournâmes avec lui à son habitation d'O-parée ; et là, nous examinâmes quelques-uns de ses chantiers (car on peut bien leur donner ce nom). Nous y vîmes de grandes pirogues achevées depuis peu, et d'autres en construction. Il s'en trouvoit deux plus grandes que toutes celles que j'avois vues jusqu'alors dans ces mers.

O-too desirant voir l'explosion des gros canons du vaisseau, j'en fis tirer douze du côté de la mer. Comme ce spectacle étoit absolument neuf pour lui, il lui causa presque autant de peine que de plaisir. Le soir, nous l'amusâmes avec des feux d'artifices.

Le matin du 11 mai, on nous apporta, de tous côtés, de grandes provisions de fruits. Towha, l'amiral, nous en envoya, comme à l'ordinaire, par ses domestiques, à qui il défendit de rien recevoir. Il me fit en même temps prier de venir le voir à Attahourou, parce que, étant malade, il ne pouvoit se transporter à bord. Ne pouvant alors faire ce voyage, je lui renvoyai ses domestiques et Œdidée chargés de présens. Les réparations les plus essentielles du vaisseau étoient finies;

et je comptois partir sous peu de jours ; mais nous cachions cette circonstance aux naturels.

Le 12, la vieille O-béréa, que je n'avois pas vue depuis 1769, se rendit près de nous : elle nous apporta des cochons et des fruits; elle nous dit qu'elle venoit chercher des plumes rouges. Elle ne resta pas long-temps à bord, parce que probablement elle sentoit qu'elle ne jouoit plus à nos yeux un rôle aussi important qu'en 1769, ou lors du voyage du capitaine Wallis.

Œdidée hésita beaucoup à prendre son parti; il ne savoit pas s'il devoit rester à Otahiti, ou venir avec nous. Mais, ne pouvant pas lui donner l'assurance de son retour, je crus devoir le dissuader de ce dernier dessein. M. Forster le détermina à venir à Uliétéa. Il me présenta plusieurs natifs de Bolabola, dont l'un étoit son frère ; ils demandoient à être transportés aux îles de la Société, j'y consentis de bon cœur.

Œdidée, transporté de joie, nous annonça secrètement qu'il avoit, dans la nuit dernière, partagé la couche d'Obéréa. Il regardoit cette faveur signalée, comme une marque de distinction ; il nous fit voir plusieurs pièces de la plus belle étoffe qu'elle lui avoit données. Obéréa, malgré son âge avancé, n'avoit donc pas encore perdu ses desirs.

Towha étant venu nous voir, on laissa tomber un fauteuil soutenu par des cordes, et on le tira en haut; ce qui lui fit un grand plaisir, et surprit singulièrement ses compatriotes. Parmi les présens que je fis à ce chef, je lui donnai un pavillon anglais, qui lui fut d'autant plus agréable, que je lui en appris l'usage.

Nous parlâmes de l'expédition projetée contre Eiméo, Towha nous assura qu'elle devoit avoir lieu immédiatement après notre départ.

Malgré ses infirmités, il étoit résolu de commander la flotte en personne. Il nous dit que la vie lui sembloit de peu d'importance, puisqu'il ne pouvoit pas long-temps la consacrer au service de son pays.

Cet amiral me donna un cochon et une tortue qui pesoit environ soixante livres. Je les fis déposer secrètement dans notre chaloupe, parce que ce don déplaisoit à quelques-uns de ses gens, qui se trouvoient ainsi privés d'un régal. Il m'offrit de plus un gros goulu qu'on tenoit prisonnier dans une crique, après lui avoir coupé plusieurs de ses nageoires, pour qu'il ne pût pas s'échapper; mais le porc et le bon poisson que nous venions de manger sur cette île, nous dégoûtèrent d'un mets aussi grossier.

Le roi et son premier ministre Tée vinrent dîner à bord avec nous, et nous firent ensuite des adieux fort touchans.

Le prince ne cessoit de me solliciter de retourner encore à Otahiti. Avant de sortir du vaisseau, il prit un jeune homme par la main, et me le présenta, en me suppliant de le conduire à Amsterdam, où il l'envoyoit chercher des plumes rouges. Je lui dis que cela m'étoit impossible, parce que, s'il partoit, il ne reviendroit point; mais que si jamais quelque vaisseau anglais abordoit à Otahiti, je lui enverrois, ou lui apporterois moi-même des plumes rouges en abondance : cette promesse le satisfit.

O-too proposa à M. Forster père et à M. Hodges de rester à Otahiti. Il leur promit très-sérieusement de les faire *A-rée*, ou chefs des riches cantons d'O-parée et de Matavaï. On conçoit aisément qu'ils refusèrent cette singulière invitation.

Un des aides des canoniers fut si enchanté

enchanté de la beauté de l'île, et du caractère de ses habitans, qu'il forma le projet d'y séjourner.

Sachant bien qu'il ne pourroit l'exécuter tant que nous serions dans la baie, il profita du premier moment où nous fûmes dehors, où nous eûmes rentré toutes les chaloupes, et déployé toutes les voiles, pour se jeter à l'eau.

C'étoit un excellent nageur, mais on ne tarda pas à le découvrir. Un bateau le poursuivit et le reprit. On remarqua, à moitié chemin, entre la Résolution et le rivage, une pirogue qui paroissoit nous suivre, mais qui étoit destinée à recevoir notre transfuge. Dès que les Otahitiens qui la montoient apperçurent notre bateau, ils se tinrent à l'écart.

Notre déserteur avoit concerté son plan avec eux. O-too, qui en étoit instruit, l'avoit encouragé, sachant combien ils pourroient tirer d'avantages de la possession d'un Européen.

En considérant la position de ce transfuge, il ne nous parut pas si coupable ; c'étoit un Irlandais, qui avoit servi dans la marine hollandaise ; je le pris à Batavia, au retour de mon premier voyage, et il ne m'avoit pas quitté depuis. Je ne lui connoissois ni amis ni parens ; il n'avoit pas de raison pour habiter un coin de la terre préférablement à un autre. Je crois que je lui aurois accordé mon consentement, s'il me l'avoit demandé avant l'appareillage.

Dès qu'on eut ramené le matclot, je le fis mettre aux fers pour quinze jours ; et je gouvernai sur Huaheine.

J'ai déjà indiqué les améliorations qui nous avoient frappés dans les plaines de Mataveï et d'O-parée : nous n'en remarquâmes pas moins dans les autres cantons. Nous ne concevions pas comment, dans l'espace de huit mois, ils avoient pu construire tant de grandes pirogues et de maisons. Les outils de fer qu'ils ont tirés des différens vaisseaux qui ont abordé leur île, contribuent sans doute à ce progrès.

Pendant mon séjour à Otahiti l'année précédente, j'avois conçu une opinion assez défavorable des moyens d'O-too. Les progrès que j'ai remarqués dans l'île depuis cette époque, m'ont convaincu de mon erreur : c'est assurément un homme de mérite ; d'ailleurs, il est environné de conseils judicieux. Au fond je ne sais pas bien jusqu'où s'étend son pouvoir comme roi, ni quelle autorité il exerce sur les autres chefs. Il y a sans doute des divisions parmi les grands de l'état ; autrement, pourquoi O-too nous auroit-il dit que Towha l'amiral, et Potatou, deux principaux chefs, n'étoient pas ses amis ?

Nous avons calculé que toute l'île doit équiper dix-sept cent vingt pirogues de guerre, et soixante-huit mille guerriers, à quarante hommes par chaque bâtiment; et, comme les guerriers ne peuvent pas former plus d'un tiers de la population (y compris les femmes, les enfans, et les vieillards), Otahiti doit contenir au moins deux cent quarante mille ames ; rien ne prouve mieux la fécondité et la richesse de ce territoire, qui n'a pas quarante lieues de tour.

Les navigateurs qui, par la suite, visiteront cette île, doivent se munir de plumes rouges ; les plus élégantes et les plus petites seront les meilleures. Ils doivent apporter en outre quantité de grosses et petites haches, de clous de fiches, de limes, de couteaux, de miroirs, de grains de verre, etc. Les draps de lit et les chemises auront du débit, sur-tout parmi les femmes. Les deux chefs que le capitaine Furneaux donna au roi en 1773, paroissoient devoir perpétuer leur race. La chèvre avoit mis bas deux petits, devenus si gros que bientôt ils alloient se trouver en état de procréer à leur tour; elle étoit devenue pleine pour la seconde fois. Les Otahitiens semblent aimer passionnément ces animaux qui s'acclimateront, et se propageront sans doute dans les îles voisines. Les moutons que nous y avions laissés étoient morts à l'exception d'un. Nous y avons de plus déposé vingt chats, ainsi qu'à Uliétéa et à Huaheine.

CHAPITRE XV.

Arrivée à Uliétéa. — Fêtes des Arréoys. — Leurs mœurs et leurs débauches. — Saillies du roi O-réo. — Faux renseignemens sur le vaisseau l'Aventure.

UN vent frais nous éloignoit d'Otahiti : nous n'avions pas quitté des yeux cette île charmante, lorsqu'un autre spectacle attira nos regards sur les ponts. Une des plus belles femmes de l'île avoit pris le parti de se rendre avec nous à Uliétéa, sa patrie, pour y rejoindre ses parens qu'elle avoit abandonnés. O-too ayant expressément défendu à toutes les femmes de son île de nous suivre, elle s'étoit cachée à bord, pendant la dernière visite de ce prince ; mais, se voyant en pleine mer, elle ne craignit plus de se montrer. La compagnie de cette Indienne et des autres insulaires d'Uliétéa et de Bolabola que nous emmenions, charma la conversation, et abrégea en quelque sorte notre traversée à Huaheine.

Nous débarquâmes, le 15, au port d'O-wharrée ; l'Otahitienne en question portait l'habit complet d'un de nos officiers ; son nouvel ajustement lui plaisoit si fort, qu'elle descendit à terre ainsi vêtue. Elle ne se fit aucun scrupule de dîner avec les officiers, et rit du préjugé de ses compatriotes, avec toutes les graces d'une femme du monde.

Durant nos manœuvres, plusieurs naturels nous visitèrent, ayant à leur tête leur chef O-rée, lequel nous offrit un cochon et d'autres présens. Le soir, nous voyions et nous entendions de loin les insulaires assis dans leurs maisons, autour de leurs flambeaux composés de noix huileuses, enfilées à un bâton très-mince.

Ils commencèrent, le lendemain, à nous apporter des fruits. Je rendis à O-rée sa visite; je lui donnai, entre autres choses, des plumes rouges: il en prit deux ou trois dans sa main droite, les tint entre l'index et le pouce, puis il récita une prière à laquelle il me parut que les assistans faisoient peu d'attention.

On déposa peu après deux cochons dans ma chaloupe : O-rée et plusieurs de ses amis vinrent dîner à bord avec nous; je chargeai ce chef de distribuer mes libéralités. Un jeune homme, âgé d'environ dix ou douze ans, son fils ou son petit-fils, en eut la plus grande part.

Poréo, l'Otahitien, qui s'étoit embarqué avec nous huit mois auparavant, et qui étoit resté à Uliétéa, vint nous voir de grand matin; il avoua qu'il étoit demeuré malgré lui; qu'aimant une jolie fille, il s'étoit donné rendez-vous avec elle; qu'y étant allé, il fut attaqué par le père de la fille et d'autres hommes, qui le dépouillèrent de ses habits européens, le battirent, et le tinrent renfermé jusqu'après notre départ; qu'il avoit profité ensuite d'une occasion pour se rendre à Huaheine.

Lors de notre descente, nous arrivâmes aux lagunes que la mer forme au nord du hâvre : elles étoient entre-coupées de marais, remplis d'une multitude de plantes des Indes Orientales, et dont les bords étoient garnis d'une vase bitumineuse qu'à son aspect et à son odeur fétide, nous jugeâmes être de la nature du *foie de soufre* (sulfure de potasse).

En revenant, notre domestique, qui portoit deux sacs remplis, l'un de plantes curieuses, l'autre d'outils de fer, fut attaqué et terrassé par cinq ou six insulaires qui l'auroient dépouillé, si le docteur Sparmann n'étoit venu à son secours.

J'allai à terre le 17, afin de me plaindre au chef de cet outrage : il étoit entouré d'Indiens de distinction ; ils me parurent tenir conseil. O-rée fit une harangue, et l'un de ses compatriotes y répondit : je n'y entendis rien, si ce n'est qu'il s'agissoit du vol de la veille. Le chef m'assura que lui et tous les chefs présens n'y avoient aucune part ; il m'engagea à tuer les coupables avec le canon. Je protestai que je n'accusois de ce crime, ni lui ni les personnes qui l'environnoient ; que je demandois seulement les voleurs, afin de les châtier ; O-rée me répondit qu'ils s'étoient sauvés dans les montagnes, et qu'il ne pouvoit les atteindre.

Le soir, quelques-uns de nos messieurs

sieurs assistèrent à un spectacle dramatique. La pièce représentoit une jeune fille qui s'enfuyoit avec nous d'Otahiti. L'anecdote étoit vraie : cette même jeune femme vit jouer sa propre histoire : elle en éprouva tant de chagrin, que nos messieurs eurent une peine infinie à l'engager à rester jusqu'à la fin ; elle versa beaucoup de larmes. Le dénouement représentoit la réception que lui firent ses amis à son retour, et qui n'étoit guère favorable à la pauvre Otahitienne.

Ces peuples composent sur-le-champ dans l'occasion des *canevas*, ou petites pièces qu'ils ajoutent aux grandes. N'est-il pas raisonnable de croire qu'ils punissoient cette fille par une satyre, afin d'intimider celles qui voudroient suivre son exemple.

Le 18, O-rée vint dîner avec nous ; il demanda à voir l'exercice du gros canon, dont Œdidée et les autres passagers otahitiens lui avoient fait un tableau curieux. Il desiroit que l'on tirât sur les collines ; mais je n'y consentis point, de peur que le boulet n'y arrivant pas, ne causât des malheurs. D'ailleurs, l'effet en étoit plus visible dans l'eau.

Quelques-uns des bas-officiers, à qui j'avois permis une partie de plaisir dans la campagne, emmenèrent deux naturels qui leur servirent de guides, et portèrent deux sacs remplis de clous, de haches, etc., pour les échanger en route. Les deux guides eurent l'adresse de dérober les deux sacs, et voici comment. Les officiers avoient pris deux fusils pour tuer des oiseaux ; après une ondée de pluie, leurs guides en désignèrent plusieurs qu'ils les pressèrent de tirer. L'un des fusils ayant raté plusieurs fois, et l'autre étant parti, du moment où les insulaires s'apperçurent qu'ils n'avoient plus rien à redouter des armes à feu, ils prirent la fuite, laissant nos messieurs tout stupéfaits.

Nous retrouvâmes, le soir, au *Heiva*, les deux voleurs ; ils avouèrent leur faute, et promirent, si on vouloit la leur pardonner, d'apporter en place des boucliers de guerre ; on y consentit, et ils tinrent parole.

Les vêtemens européens de l'O=
tahitienne tentèrent aussi les naturels. Plusieurs l'assaillirent dans
une maison à l'instant où elle y son-
geait le moins, et se mirent à la
déshabiller ; quelques-uns de nos
messieurs volèrent à son secours, et
dispersèrent les brigands ; mais elle
en fut si effrayée, qu'elle n'osa plus
sortir seule du vaisseau.

Le 20, on dépouilla trois de nos
officiers qui étoient partis pour la
chasse; je m'emparai aussitôt d'une
grande maison, de ce qu'elle contenoit, et j'arrêtai deux chefs qui
s'y trouvoient ; je ne la quittai
point que je n'eusse appris que nos
officiers étoient revenus sains et
saufs, et qu'on leur avoit tout ren-
du. Cet heureux résultat étoit dû

à l'entremise de quelques chefs.

Le second lieutenant avoua que les Anglais avoient été les agresseurs; un d'eux, ayant abattu deux pigeons, exigea qu'un naturel allât les chercher dans l'eau. L'Indien, qui avoit eu souvent cette complaisance, refusa cette fois de faire le service d'un chien; alors un des officiers le battit jusqu'à ce qu'il obéît : quand il eut ramassé les canards, il s'enfuit à la nage, et les emporta à l'autre bord de la lagune; il sentoit bien que ces oiseaux le dédommageaient foiblement de sa peine. Nos messieurs s'en étant trouvés piqués, un d'eux chargea son fusil à balle; il tira, et heureusement il manqua l'Indien. La foule, indignée qu'on osât se jouer de la vie d'un homme, pour un aussi frivole objet, se jeta sur l'agresseur, et causa la rixe dont nous avons parlé. Le domestique d'Œdidée accompagnoit nos messieurs ; il se battit opiniâtrement en leur faveur, mais il fut accablé par le nombre.

Le 21, dès la pointe du jour, nous apperçûmes plus de soixante pirogues sous voile, qui sortoient du hâvre, et qui marchoient vers Uliétéa. On nous dit qu'elle étoit montée par les Arréoys (1), et qu'ils alloient rendre visite à leurs confrères des îles voisines. On peut presque les comparer aux *francs-maçons*. Il paroît qu'ils pratiquent des cérémonies qu'ils ne veulent

(1) Voyez le tome III du premier voyage p. 120.

pas, ou ne peuvent pas expliquer. Œdidée nous apprit qu'il en étoit ; Tupia étoit aussi un de leurs membres ; et ni l'un ni l'autre n'ont consenti à nous donner une idée nette de ces institutions. Œdidée assure qu'il est faux que l'on mette à mort les enfans qu'ils ont de leurs maîtresses, ainsi que Tupia et d'autres Otahitiens nous l'avoient attesté. J'ai eu sur cette matière différentes conversations avec O-maï ; il m'a confirmé tout ce qu'on raconte dans mon premier voyage.

O-rée me fit avertir par Œdidée que j'eusse à me rendre avec vingt-deux hommes pour combattre treize voleurs qui s'étoient déterminés à nous détrousser par-tout où nous passerions. Comme nous devions aller à Uliétéa, et que la réputation d'une trop grande indulgence pouvoit nous y nuire, je fis les apprêts de cette expédition. Œdidée vint avec nous ; il soutenoit qu'on vouloit nous attirer dans un piège, et qu'arrivés dans un défilé, entre les gorges d'une vallée profonde, on nous y accableroit. Je refusai long-temps de le croire ; et je me mis en marche ; mais, ne voyant paroître aucun ennemi, je rétrogradai : ce fut alors que nous nous apperçumes que nous avions été suivis par une foule de naturels armés, qui s'étoient glissés dans les bois ; à notre aspect, ils cachèrent leurs armes au milieu des buissons. Je crois cependant qu'Orée ne trempoit nullement dans le complot.

Arrivé à la place du débarquement, je fis tirer plusieurs salves de mousqueterie, pour convaincre les naturels que nous pouvions faire un feu roulant.

Ce fut alors qu'ils apprirent plus que jamais à connoître la puissance des armes à feu. Ils n'avoient vu tirer que des oiseaux par nos chasseurs qui, n'étant pas bons tireurs, perdoient communément deux coups sur trois. Les fusils d'ailleurs ratoient quelquefois, et on les chargeoit lentement.

Le 23, jour fixé pour notre départ, le bon vieux chef fut le dernier insulaire qui sortit du vaisseau : en partant, je lui dis que nous ne nous reverrions plus; il fondit en larmes, et me répondit : *Laissez venir ici vos enfans, et nous les traiterons bien.*

Nous arrivâmes, le 24, à Uliétéa; mon vieux ami O-rée, chef de ce pays, et plusieurs autres, vinrent à notre rencontre, et nous apportèrent des présens.

Le 25, nous allâmes dans la maison même d'O-rée; nous y fûmes reçus par quatre ou cinq vieilles femmes qui se lamentoient, et qui se déchiraient la tête avec des dents de goulus; ce qu'il y eut de plus fâcheux, c'est qu'il fallut essuyer les embrassemens de ces vieilles furies, dont le visage nous couvrit de sang. Après cette cérémonie, elles allèrent se laver, et revinrent bientôt aussi joyeuses que le reste de leurs compatriotes.

Les Arréoys s'établirent dans notre voisinage; ils passèrent plusieurs jours dans les festins et dans la débauche; ils nous invitèrent souvent à être de leurs galas.

M. Forster, dans ses herborisations, trouva l'hospitalité dans toutes les cabanes ; il crut voir un cimetière de chiens , mais je crois que ce n'est pas chez eux une coutume générale de faire à ces animaux de brillantes obsèques. Peu de chiens, en effet, y périssent de mort naturelle. Ils les tuent ordinairement pour les manger, ou les offrir à leurs dieux. C'étoit probablement un *Marai*, ou autel où l'on avoit mis une offrande de cette espèce ; il aura été trompé par la dénomination de *Marai no te oore.*

Boba, vice-roi d'Otaha, et Téïna-maï, la belle danseuse, dont M. Hodges eut tant de peine à faire le portrait (*voyez la pl. 14 du second atlas*), accompagnèrent, le 27, O-rée. Œdidée nous a souvent répété que ce Boba étoit proche parent et seul héritier d'O-poonée, roi de cette île, et dont il doit épouser la fille. Boba étoit Arréoy; il entretenoit comme maîtresse la charmante Téïna, qui se trouvoit alors enceinte. Nous nous entretînmes avec elle sur l'odieuse coutume de tuer les enfans des Arréoys. Toute notre rhétorique fut bientôt épuisée, et produisit peu d'effet. Téïna-maï nous dit que « notre Eatua (ou dieu) en An- » gleterre seroit peut-être indigné » des procédés des Arréoys, mais

» que le leur n'en étoit pas mécon-
» tent. »

« Elle ajouta que si nous vou-
» lions venir chercher son enfant,
» elle le conserveroit peut-être en
» vie, pourvu toutefois que nous
» lui apportassions une hache, une
» chemise, et des plumes rouges. »

En nous adressant cette réponse, elle riait de si bonne grace, que nous ne crûmes point qu'elle parlât sérieusement.

Après dîner, nous les accompagnâmes à terre, où l'on joua pour nous une pièce intitulée : *Mididïi Harraniy.* (*l'Enfant vient*). Le dénouement en étoit l'accouchement d'une femme en travail. On vit tout d'un coup paroître sur la scène un gros enfant, haut d'environ six pieds, qui courut tout autour du théâtre, traînant après lui un grand torchon de paille suspendu par une corde à son nombril.

C'étoit un homme qui jouoit le rôle de la femme en couches. Il fit à peu près les gestes que les Grecs alloient admirer dans les bosquets de Vénus Ariane, près d'Amathie, où l'on célébroit la mémoire d'Ariane, morte en travail d'enfant. Ainsi l'extravagante imagination a, dans tous les pays, inventé les mêmes folies. On ne sauroit exprimer les bruyans éclats de rire des naturels, lorsqu'ils virent le *nouveau-né* courant sur la scène, et poursuivi par des danseuses qui essayoient de l'attraper.

Les femmes assistèrent, sans rougir, à toute la pièce; elles ne furent point forcées, comme nos dames européennes, de regarder à travers les éventails...

Des hommes jouèrent aussi des farces, dans lesquelles on reconnoissoit le nom de Cook et des autres personnes de l'équipage. Il nous parut que le sujet étoit un vol commis par un de leurs compatriotes.

Ayant eu occasion de voir une seconde représentation de l'*Enfant vient*, je remarquai qu'à l'instant où ils reçurent l'homme qui représentoit l'enfant, ils comprimèrent et aplatirent son nez. J'en conclus qu'ils usent de la même cérémonie envers tous leurs enfans.

O-réo dîna encore à bord le 28; il but une bouteille de vin, sans paroître ivre. Il fut très-gai, comme à l'ordinaire. Il amena la conversation sur les pays que nous avions visités, et dont son compatriote Œdidée lui avoit déjà fait la description.

Il dit que, quoique nous eussions vu beaucoup de pays, il nous citeroit une île que nous ne connoissions pas encore : « Elle est, dit-il, située
» à quelques journées de chemin.
» Ses habitans sont des géans mons-
» trueux, aussi hauts que votre
» grand mât, et aussi gros à la ceinture, que la tête du cabestan. Ces
» peuples sont d'un bon naturel ;
» mais, quand ils sont fâchés contre
» quelqu'un, ils le saisissent et le
» jettent dans la mer, comme si c'é-
» toit une petite pierre. Si vous
» abordez leurs côtes avec votre

» vaisseau, ils se rendront peut-être
» à gué le long de votre bâtiment.
» Ils l'emporteront à terre, sur leur
» dos. »

Il mit dans son discours quelques autres détails facétieux; et, pour donner plus de poids à ce qu'il avançoit, il finit, en nous disant que l'île s'appeloit *Mirro-mirro*.

Cette histoire étoit peut-être fondée sur les opinions mythologiques de ces peuples : nous crûmes plus vraisemblable que c'étoit une ironie contre les parties de nos relations qu'il ne croyoit point, et dont il ne pouvoit se former une idée. Nous admirâmes l'imagination et le tour spirituel qui brilloient dans ce petit conte. Nous pensâmes, avec M. de Bougainville, que l'abondance du pays, source de contentement et de plaisir pour ces bons insulaires, leur donne en même temps ce caractère et ce talent.

Œdidée étoit peut-être le seul des nobles qui ne se mêlât point aux fêtes tumultueuses des Arréoys. Il ne recevoit pas, à Uliétéa, les marques de faveur qui lui avoient été prodiguées à Otahiti. Il paroît que, même dans les îles de la mer du Sud, un homme n'est nulle part moins estimé que dans son pays.

Tous ses parens, dont le nombre n'étoit pas peu considérable, attendoient de lui des présens, comme une obligation de sa part; tandis qu'à Otahiti, ses libéralités lui faisoient des amis, et lui procuroient toutes sortes d'avantages. Tant qu'il resta à ce généreux insulaire quelques-uns des *trésors* qu'il avoit amassès au péril de sa vie, on ne cessa de l'importuner de sollicitations; et, quoiqu'il donnât de bon cœur tout ce qu'il avoit, ses connoissances l'accusoient d'être avare.

Il fut bientôt obligé de venir à bord nous demander de nouveaux présens : il n'avoit plus que quelques plumes rouges, et d'autres curiosités qu'il réservoit pour O-poonée, roi de Bolabola.

Nous mangeâmes, le 29, à dîner, un cochon cuit à la manière du pays, dans un four creusé en terre. Quelques parties des environs des côtes me semblèrent un peu trop cuites, mais les autres plus charnues étoient d'un goût exquis. La peau difficile à manger lorsque le porc a été apprêté à notre manière, avoit une saveur supérieure à tout ce que j'ai jamais mangé en ce genre.

Nous nous arrêtâmes à l'encoignure d'une maison, où nous apperçûmes quatre figures de bois, de deux pieds de long, rangées sur une tablette. Un naturel, qui occupoit la cabane, nous dit que c'étoient *eatua note toutou (des dieux protecteurs des esclaves)*. Cette assertion ne suffit cependant point pour conjecturer que les esclaves les adorent, et qu'on ne souffre point que cette classe d'habitans ait les mêmes dieux que ceux d'un rang plus distingué. D'ailleurs ce sont les premières divinités de bois que nous ayions vues dans ces îles : la seule ra-

rantie que nous en eussions, c'étoit la parole d'un insulaire, peut-être superstitieux, ou que nous n'avions pas compris.

Les insulaires sachant que nous mettrions bientôt à la voile, nous apportèrent, le 31, plus de fruits qu'à l'ordinaire. Parmi ceux qui se rendirent à bord, nous remarquâmes un jeune homme de six pieds quatre pouces et demi, et sa sœur plus jeune que lui, qui avoit cinq pieds dix pouces de grandeur (1). Nous achetâmes beaucoup de cochons et de fruits.

(1) Ces grandeurs, réduites en mesure de France, donnent cinq pieds huit pouces pour le jeune homme, et cinq pieds quatre pouces pour sa sœur.

Le 2 juin, dans l'après-midi, on nous annonça que, trois jours auparavant, deux vaisseaux étoient arrivés à Huaheine; que l'un étoit commandé par M. Banks, et l'autre par le capitaine Furneaux. Le porteur de cette nouvelle ajouta qu'il s'étoit enivré dans l'un des bâtimens: il dépeignit si bien la personne de M. Banks et celle de M. Furneaux, que je n'eus pas le moindre doute sur ce qu'il avançoit. Je songeai à envoyer, le même soir, une chaloupe, avec des ordres, pour M. Furneaux: mais on nous déclara depuis que c'étoit une imposture, et l'auteur de cette histoire ne reparut plus.

En repassant au cap de Bonne-Espérance, nous apprîmes qu'en effet le capitaine Furneaux avoit touché à Huaheine, mais longtemps avant l'époque où l'on prétendoit qu'il y avoit relâché. M. Banks n'avoit pas quitté l'Europe. Nous avons encore su depuis que M. St.-Denis, navigateur français, a voyagé dans la mer du Sud, avec deux vaisseaux, au milieu de 1774, temps qui se rapporte à celui dont il est ici question.

Notre provision de haches et de couteaux se trouvant depuis longtemps épuisée, notre armurier travailla à en fabriquer de nouveaux, mais d'une forme très-mauvaise, et de peu de valeur ; sur-tout les couteaux, qui étoient des morceaux de cercles de fer. Les Indiens qui ne s'y connoissoient pas s'en contentèrent.

Parmi les naturels de la Société, il se trouve un petit nombre d'hommes instruits dans la mythologie du pays. On les nomme *Tata-o-rerro*, c'est-à-dire maîtres. Nous trouvâmes enfin un chef, nommé Tootavaï, qui portoit ce titre. Il fut flatté de notre curiosité, et la satisfit de son mieux.

CHAPITRE XVI.

Nouveaux détails sur la religion et les mœurs des habitans de ces îles.

La religion de ces insulaires paroît avoir pour base un systême bizarre de Polythéisme. Chacune des îles a une théogonie séparée.

Tootavaï nous apprit que sur chaque île de ce groupe ils donnent un nom différent au Dieu suprême, créateur du ciel et de la terre. Mais il y a une divinité reconnue de toutes, qui tient le premier rang. Treize divinités président à la mer : une d'elles cependant, Oo-marrao, passe pour l'avoir créée. Il en est de même du soleil créé par O-mamée, dieu puissant, qui produit les tremblemens de terre. La divinité qui réside dans cet astre et le dirige, s'appelle Too-toomo-hororirrée. Ils lui donnent une forme agréable, et des cheveux qui lui descendent de la tête aux pieds. Ils assurent que c'est là que les morts se retirent ; qu'ils y mangent continuellement du pain et du porc, qui n'ont pas besoin d'être cuits. Ils croient que chaque homme a en lui un être séparé, appelé Tée, qui agit d'après l'impression qu'éprouvent les sens, et dont les conceptions forment nos pensées.

Cet être survit à la mort de l'homme : il habite les images de bois placées autour des cimetières, auxquelles ils donnent le même nom de Tée. Nous n'avons pas pu découvrir s'ils admettent des récompenses ou des punitions dans l'autre vie : mais la civilisation est trop avancée à Otahiti, pour que ces idées n'y existent pas.

Ils prétendent que la lune a été créée par une divinité femelle qui la gouverne, et qui réside dans les taches de son disque. Les femmes chantent un couplet qui semble être un hymme en l'honneur de cette divinité. Un tel usage provient peut-être de ce qu'elles s'imaginent qu'elle a de l'influence sur les infirmités périodiques de leur sexe.

Il y a lieu de croire que, pour les Otahitiens, la déesse de la lune n'est point la chaste Diane des anciens, mais plutôt l'Astarbé des Phéniciens. Une autre déesse a, suivant eux, créé les étoiles ; et le dieu *Orrée-orrée* gouverne les vents.

Ils ont de plus une foule de divinités inférieures, bienfaisantes ou malfaisantes : celles-ci passent pour tuer les hommes pendant leur sommeil.

On croit que quelques-unes habitent une certaine île déserte nommée *Mamma*, où on les voit sous la figure d'hommes grands et robustes, qui ont une physionomie farouche, et dévorent tous ceux qui abordent leur côte. Cette tradition fait peut-être allusion à l'anthropophagie qui a jadis existé sur ces îles.

Les prêtres conservent leur dignité pendant leur vie : elle est héréditaire. Le grand pontife de chaque île est toujours un arée qui, après le roi, occupe le premier rang. Il y a encore dans chaque district un ou deux théologiens (Tata-o-rerro) comme Tootavaï, qui sont instruits dans la théogonie et l'astronomie. Ils comptent quatorze mois lunaires; mais nous ignorons sur quelle base ils établissent le cycle ou année complète. Il paroît que le second et le septième mois sont intercalaires, car ils ont à-peu-près la même dénomination que le premier et le cinquième. Chacune des lunes se compose de 29 jours : pendant les deux derniers où la lune est invisible, ils disent qu'elle est morte.

Ils donnent le nom de Tahowa, tant à leurs prêtres qu'à leurs médecins. La quantité de leurs remèdes n'est pas très-grande, et leur médecine est fort simple : mais ils n'ont pas beaucoup de maladie ; et elles ne sont jamais compliquées.

Le 4 juin, jour fixé pour mettre sous voiles, O-rée vint me voir avec toute sa famille. Notre séparation fut touchante. La dernière prière d'O-rée fut encore pour m'inviter à retourner. Voyant que je ne voulois pas le lui promettre, il demanda le nom de mon Moraï, du lieu où l'on m'enterreroit. Je ne balançai pas un instant à lui répondre, *Stepney*, nom de la paroisse que j'habitois à Londres. Il me conjura de le répeter plusieurs fois, jusqu'à ce qu'il pût le prononcer. Alors cent bouches s'écrièrent en même temps : *Stepney, Moraï, No-toote.* (*Stepney, le tombeau de Cook*).

M. Forster me dit ensuite qu'un Indien lui avoit fait à terre la même question : mais il fit une réponse différente et plus convenable, en disant qu'un marin ne savoit pas où il seroit enterré.

Au surplus, quelle plus belle preuve d'affection ces insulaires pouvoient-ils nous donner, que de vouloir conserver notre souvenir, lors même que nous né serions plus ? Nous leur avions souvent répété que nous les voyions pour la dernière fois : ils desiroient savoir dans quel endroit nos cendres iroient se réunir avec celles de nos ancêtres.

Comme il m'étoit impossible de promettre, ni d'espérer qu'on enverroit encore des vaisseaux dans ces îles, Œdidée, notre fidèle compagnon, se décida à demeurer dans sa patrie : mais il nous quitta avec des regrets qui témoignoient bien son estime pour nous. Quand le chef me pressoit avec tant d'ardeur de revenir, mes réponses lui laissoient quelquefois un peu d'espoir. Aussitôt Œdidée me tiroit de côté, et se faisoit répéter ce que je venois de dire. Au moment du départ, il courut de chambre en chambre, et embrassa tout le monde.

Enfin, je ne saurois décrire la douleur que ressentit ce jeune homme quand il nous quitta. Il regardoit le vaisseau ; fondoit en larmes : enfin, il se coucha de désespoir au fond de sa pirogue.

Il vérifioit bien le proverbe, que *nul n'est prophète dans son pays*. On avoit pour lui, à Otahiti, des égards extraordinaires. Nous avons vu qu'il n'en étoit pas de même à Uliétéa.

Œdidée étoit docile, doux, et rempli d'humanité ; mais il étoit très-ignorant sur la religion, le gouvernement, les mœurs, les coutumes et les traditions de son pays. S'il se fût embarqué avec nous, il ne nous eût rien appris d'intéressant. Il auroit cependant plus servi qu'O-maï à donner une idée juste de la figure et du caractère de ces insulaires. (*Voyez la pl. 15 du second atlas.*) En sortant du vaisseau, il me demanda quelque chose qu'il pût faire voir aux commandans des autres bâtimens, qui, par la suite, relâcheroient sur son île. J'y consentis volontiers; et je lui donnai un certificat du temps qu'il avoit passé avec nous. Je le recommandai aux capitaines des vaisseaux qui toucheroient ces parages.

La première fois que j'abordai sur ces îles, j'avois quelque envie de visiter la fameuse Bolabola de Tupia : mais ayant à bord assez de rafraîchissemens, je renonçai à ce projet, et je fis voile à l'ouest, faisant nos adieux à ces îles fortunées, où la main prodigue de la nature a répandu ses faveurs.

Avant de terminer la description de ces îles, il est nécessaire de dire quelque chose sur le gouvernement d'Uliétéa et d'O-taha. O-rée est natif de Bolabola; mais il possède à Uliétéa des terres qu'il a sans doute gagnées par la conquête. Il réside sur cette dernière île, comme lieutenant d'Opoonée. O-oo-rou, qui est E-arée par droit héréditaire, semble n'en avoir plus que le titre : il a conservé son *whennoa* ou domaine, où il est souverain. J'ai toujours vu O-rée manifester pour lui le respect dû à son rang : il étoit enchanté quand il remarquoit que je le distinguois des autres.

O-taha, autant que j'ai pu m'en informer, est gouvernée de la même manière. Les deux chefs sont Boba et O-ta. Je n'ai jamais vu ce dernier. Je crois que la conquête de ces îles n'a pas valu à O-poonée d'autre avantage que celui de récompenser ses nobles, en leur donnant la meilleure partie des terres. Il ne paraît pas qu'il ait exigé de ses sujets aucune des marchandises, outils, etc. que nous y avons laissés en si grand nombre. Quoique ce fameux chef soit fort âgé, il paroît qu'il ne vit point dans l'indolence, et qu'il voyage sans cesse d'une île à une autre.

CHAPITRE XVII.

Passage d'Uliétéa aux îles des Amis. — Nouvelles découvertes. — Variétés d'incidens.

Dans l'après-midi du 4 juin, nous dépassâmes l'île de Mowrua. Le 6, nous reconnûmes au nord-ouest un récif à fleurs d'eau, qui peut avoir quatre lieues de tour, et de forme circulaire. Le 11, nous apperçûmes une autre île, dont la position est à peu-près la même que celle que M. Dalrymple donne à la *Sagittaire*; mais nous n'y avons rien remarqué qui se rapporte à la description du voyageur espagnol. Je l'ai nommée île *Palmerson*.

Le 20, nous vîmes une terre escarpée et rocailleuse. Elle étoit presque par-tout de niveau : sa plus petite hauteur ne surpassoit pas quarante pieds ; de grands bois et des arbrisseaux en couvroient la surface. Nous apperçûmes sept ou huit Indiens nus, et qui paroissoient d'une couleur noirâtre. Quelque chose de blanc environnoit leur tête et leurs reins. Chacun d'eux avoit à la main une pique, une massue ou une pagaye du pays. Je fis mettre dehors deux bateaux ; nous débarquâmes, MM. Forster, le docteur Sparmann, M. Hodges et moi, dans une petite crique.

La côte étoit si couverte d'arbres,

de broussailles et de pierres, que nous ne pouvions rien voir à cent pas autour de nous. Cependant nous apperçûmes bientôt les insulaires à l'entrée du sentier. Nous leur fîmes des signes d'amitié, auxquels ils ne répondirent que par des menaces. L'un d'eux, s'étant un peu plus approché, lança une pierre qui atteignit M. Sparmann au bras. On tira alors deux coups de fusil, sans que j'en eusse donné l'ordre. A cette décharge, les Indiens disparurent.

Nous suivîmes la côte, et nous nous avançâmes près d'un endroit où nous avions remarqué des pirogues entre les rochers. Je mis quelques grains de rassade dans ces pirogues. Sur ces entrefaites, il parut deux Indiens noircis et parés de plumes, lesquels s'avancèrent en jetant de grands cris et en agitant leurs piques. Tous nos efforts pour les amener à une conférence furent inutiles. Une légère fusillade n'empêcha pas l'un d'eux de s'approcher, et de décocher une javeline qui me rasa l'épaule ; une seconde javeline effleura la cuisse de M. Forster fils, et teignit de noir son habit. Son courage lui auroit coûté la vie, si mon fusil eût parti ; car je n'étois pas à cinq pas de lui, quand il lança sa javeline, et je l'aurois tué pour ma propre défense. Un détachement, que j'avois laissé sur le rocher, fit feu sur les Indiens, et les dispersa ; nous ne savons point s'ils eurent des tués ou des blessés.

Les pirogues que nous observâmes, construites comme celles d'Amsterdam, avoient de plus une sorte de plat-bord qui se relevoit un peu de chaque côté. Les bas-reliefs, dont elles sont décorées, annoncent que ces peuples ne sont pas sans industrie. Tous ces détails s'accordent très-bien avec la description que M. de Bougainville a donnée des îles des navigateurs. J'appelai celle-ci l'île *Sauvage*.

Nous apperçûmes encore quelques îles de corail. Quelques pirogues, montées chacune de deux ou trois personnes, vinrent nous apporter des fruits et des poissons en échange de petits clous.

Nous sûmes de ces Indiens le nom de toutes les îles des environs. Ils nous montrèrent aussi Anamocka et Rotterdam : je gouvernai vers Anamocka. Une multitude de pirogues, chargées de provisions, accourut à notre rencontre. Les insulaires d'une de ces pirogues m'appellèrent par mon nom, ce qui prouve qu'ils trafiquent avec ceux d'Amsterdam.

Un des Indiens se saisit de la sonde; et, malgré toutes mes menaces, il osa couper la ligne. On tira dans sa pirogue un coup de fusil à balle. Il se retira froidement de l'autre côté du vaisseau. On lui redemanda une seconde fois le plomb, mais en vain. On tira sur lui à petits grains; et, dès qu'il se sentit blessé, il rama à l'avant du vaisseau, et attacha la sonde à une corde. Ses compatriotes, mécontens de cette restitution, le chassèrent de sa pirogue, et le forcèrent de gagner la terre à la nage.

Je descendis à terre ; et, entre autres marques d'hospitalité qu'on me donna, une des plus belles femmes de l'île me fit une offre que je n'acceptai point. Je défendis de recevoir aucune femme dans le vaisseau. Un grand nombre d'Indiennes, montées sur des pirogues, voyant qu'on ne vouloit pas les laisser entrer, se retirèrent fort mécontentes.

Je n'ai point vu d'île qui, dans un aussi petit espace, offrît une si grande variété de paysages. Nous n'avons trouvé nulle part autant de belles fleurs. Les bois fourmilloient de pigeons, de perroquets, de râles, et de petits oiseaux : les naturels nous en vendirent plusieurs.

Nous revînmes tous à bord, à l'exception du chirurgien qui ne raparut que dans l'après-dînée. On lui avoit volé son fusil.

Ayant engagé un naturel à lui servir de guide, il s'étoit promené sans crainte. Il fit une excellente chasse, et fit porter par l'Indien onze canards qu'il avoit abattus. Il retourna vers le lieu où devoient se trouver les chaloupes ; mais le jusant n'ayant pas permis de l'attendre, il ne les vit plus. Une foule nombreuse l'environna de toutes parts ; l'homme qu'il avoit chargé de tenir son gibier, en laissa tomber exprès quelques pièces. M. Patten se tourna pour les ramasser. Alors les Indiens, le serrant de plus près, le menacèrent de leurs piques barbelées : il n'y eut que son fusil qui les intimida. Plusieurs femmes prenoient à tâche de détourner son attention par mille gestes lascifs et des attitudes déshonnêtes ; mais il étoit dans une position trop dangereuse pour se laisser séduire. Quelque temps après, une pirogue se rendit sur la côte, et M. Patten promit un clou au propriétaire de ce bâtiment, s'il vouloit le mener à bord de la Résolution. Le marché fut conclu ; et, comme M. Patten mettoit le pied dans la pirogue, les naturels le désarmèrent, lui volèrent ses canards, excepté trois, l'empêchèrent de partir, et forcèrent même le canot à s'éloigner. Dans cette conjoncture embarrassante, M. Patten essaya de gravir un rocher, d'où il croyoit qu'il pourroit se faire voir du vaisseau. Les Indiens, devenus de plus en plus audacieux, le dépouillèrent. Il se laissa enlever sans résistance sa cravatte et son mouchoir ; mais, voyant qu'on alloit lui arracher ses habits, il désespéra de sa vie. Il chercha dans toutes ses poches un couteau ou un autre instrument avec lequel il pût ou se défendre, ou venger sa mort. Il n'avoit sur lui qu'un mauvais étui de cure-dents. Il l'ouvrit, et le présenta avec confiance à ces brigands, lesquels, s'appercevant qu'il étoit creux, reculèrent de deux ou trois pas. Il continua à les effrayer avec cette arme formidable ; mais les cruels

Indiens le menaçoient toujours de leurs piques.

Epuisé de fatigue, accablé par la chaleur du soleil, il alloit y succomber, lorsqu'une jeune et belle femme, remarquable par de longs cheveux dont les boucles ondoyantes flottoient sur son sein, eut pitié de son sort. Elle traversa intrépidement la foule. L'humanité et la commisération se peignoient dans ses regards ; son visage portoit tellement le caractère de l'innocence et de la bonté, que M. Patten n'en put concevoir aucune défiance. Elle lui offrit un quartier de pamplemousse qu'il accepta avec empressement et reconnoissance. Après qu'il eut mangé ce premier morceau, il en reçut d'autres. Enfin deux chaloupes, détachées du vaisseau, dispersèrent la foule. La généreuse Indienne, et son père fort avancé en âge, demeurèrent auprès de M. Patten, avec le calme qu'inspire une conscience irréprochable. La première demanda le nom de celui qu'elle avoit sauvé ; il répondit qu'à Otahiti on l'appeloit Patéénée : elle l'adopta aussitôt, et le changea en Patséenée.

Sur le rapport de M. Patten, je descendis sur les lieux ; les naturels furent intimidés de mon arrivée. Mais comme on n'avoit fait aucune recherche pour recouvrer le fusil, et que je crus moi-même fort mal-à-propos devoir user de dissimulation, cette indulgence intempestive les enhardit. Le lendemain, 28 juin, ces mêmes insulaires se conduisirent fort mal envers une de nos chaloupes. Le fusil du lieutenant qui la commandoit et quelques autres objets furent volés. Ils commirent tous ces vols subtilement, et sans recourir à la violence. Je débarquai au moment où le bateau alloit retourner à bord. Ayant vu ces naturels prendre la fuite, je soupçonnai en partie ce qui s'étoit passé.

Lorsque je fus informé de tous les détails, je donnai ordre de faire débarquer tous les soldats de marine, et de tirer du vaisseau deux ou trois coups de canon, afin de rappeler M. Forster qui se trouvoit dans la campagne avec plusieurs autres personnes.

Après cela, je renvoyai tous les bateaux, et ne gardai que la chaloupe, avec laquelle je demeurai au milieu d'un assez grand nombre de naturels qui montroient les meilleures intentions. Je les persuadai si bien de mes desseins, que, longtemps avant l'arrivée des soldats de marine, le fusil du lieutenant fut rapporté; mais on me pressa de ne pas insister sur la restitution du reste.

L'arrivée de M. Edgecumbe, à la tête des soldats de marine, intimida si fort les insulaires présens, que beaucoup d'entre eux s'enfuirent précipitamment. Je m'emparai de deux grandes doubles pirogues qui se trouvoient dans l'anse. Un Indien fit mine de résister; je tirai sur lui à dragées, et je l'obligeai de se sauver en boîtant. Cet acte de sévérité fit rendre le fusil de M. Patten. Les autres objets étant de peu de valeur, je bornai là mes recherches, et relâchai les pirogues.

En revenant de l'aiguade, on me présenta l'homme que j'avois blessé; il étoit étendu sur une planche, et offroit l'apparence de la mort. Je reconnus cependant qu'il n'étoit blessé qu'à la main et à la cuisse. Les plaies n'étoient point dangereuses; mais, comme le coup avoit été tiré à quinze ou vingt pas, les chairs étoient très-froissées. Le chirurgien le pansa par mon ordre, et la guérison ne dut pas être longue.

Une vieille m'aborda, et me présenta sa fille, en me donnant à entendre qu'elle étoit à mon service

La jeune Indienne, qui, vraisemblablement, avoit reçu sa leçon, exigeoit avant tout un grand clou ou une chemise. Je lui répondis par signes que je n'avois rien à lui donner, espérant m'en débarrasser de cette manière. Mais je me trompois ; la vieille m'assura que j'étois libre de disposer de sa fille, et de remettre à une autre fois le témoignage de ma gratitude.

Mon refus indisposa la vieille ; elle paroissoit me dire, d'un air moqueur : « Quelle espèce d'hom-
» mes êtes-vous donc pour repous-
» ser ainsi les caresses d'une aussi
» jolie fille » ? Il est certain que cette Indienne étoit d'une grande beauté ; mais j'avois expressément défendu de laisser entrer aucune

femme à bord, et je ne voulois pas donner un mauvais exemple.

De retour à bord, j'y fus instruit d'une autre particularité. Au moment où l'on tira le canon, toutes les pirogues se retirèrent, à l'exception d'une, dont le maître s'occupoit à en vuider l'eau. Au premier coup, il considéra la pièce d'artillerie; mais, sans se déconcerter, il resta précisément au-dessous, et continua son ouvrage. Le second coup n'effraya pas davantage cet intrépide Indien : ce ne fut qu'après avoir ôté toute l'eau de sa pirogue, qu'il s'éloigna.

Nous avions souvent vu ce même Indien confisquer des fruits et des racines dans les autres canots, et nous les vendre. Les propriétaires faisoient-ils quelque difficulté pour les lui laisser prendre, il les saisissoit de vive force : c'est ce qui avoit engagé les gens de notre vaisseau à lui donner le nom de *commis de la douane*. Un jour, après avoir levé cette sorte de tribut, il se trouvoit à côté d'une pirogue à voile. Un des insulaires qui la montoient, remarquant qu'il regardoit d'un autre côté, saisit cette occasion de dérober quelque chose dans sa pirogue. Aussitôt le canot partit à pleines voiles. Le *douanier*, s'appercevant du tour qu'on lui avoit joué, poursuivit la pirogue, l'atteignit, battit rudement le voleur; puis non seulement il reprit ce qu'on lui avoit dérobé, mais il s'empara de quelques autres articles. Nous remarquâmes que cet Indien levoit une espèce de *dîme* dans le marché qui se tenoit sur la grève. Un jour, le prenant pour un personnage d'importance, j'allois lui faire un présent; mais j'en fus détourné par un insulaire qui m'avertit que cet homme n'étoit pas *A - reeke*. Il avoit toujours les cheveux poudrés à blanc.

Le 29 juin, nous mîmes à la voile; le 30, nous passâmes entre les îles d'Amattafoa et d'O-ghao. La première de ces îles est fort escarpée; la profondeur de l'eau nous empêcha d'y mouiller. Il s'exhaloit sur un point de cette île beaucoup de fumée que nous vîmes s'élever avec impétuosité. Un peu au-dessus de l'endroit d'où elle sortoit, nous apperçûmes un terrain qui sembloit avoir été récemment brûlé.

L'île d'Anamocka, d'où nous sortions, est la plus considérable de ce groupe. Le sol consiste en un rocher de corail, recouvert d'un excellent terreau. L'eau douce, que fournit aux insulaires un étang placé dans leur pays, est un avantage dont sont dépourvus ceux de Tonga-Tabboo. Ils paroissent d'ailleurs connoître le prix de cette possession, car les naturels nous apportoient des calebasses pleines; et ils en donnèrent aussi à Tasman. Toutes ces îles, y compris Middelbourg ou Eaoonée, et Pilstart, forment un groupe qui embrasse trois degrés environ en latitude, et deux en longitude. L'amitié et l'union qui paroissent exister entre leurs habitans, la conduite affable et honnête qu'ils tiennent envers les étrangers, m'ont engagé à les nommer *Archipel*, ou *îles des Amis*. On pourroit peut-être donner plus d'extension à cet Archipel, et y comprendre les îles Boscawen et Xeppel, qui furent découvertes par le capitaine Wallis.

Les naturels de Rotterdam paroissent être plus sujets à la lèpre ou à d'autres maladies cutanées, que les autres nations. Leur visage en souffre plus que le reste du corps. J'en ai vu à qui la lèpre avoit rongé une partie du visage et tout le nez. Dans une de mes courses, je voulus m'arrêter à une maison où je voyois quelques personnes. Un Indien parut devant le trou qui servoit de porte, et chercha à la barricader avec des cordes ; mais l'odeur infecte qu'exhaloit son visage, ulcéré et dévoré par la lèpre, eût suffi pour m'éconduire. La raison pour laquelle je défendis aux gens de notre équipage d'avoir aucune fréquentation avec les femmes de ce pays, c'est qu'ils n'étoient pas bien guéris d'une maladie qu'ils avoient gagnée aux îles de la Société.

Nous n'apperçûmes à Anamocka ni roi ni chef principal. Il ne faut pas en conclure néanmoins que les naturels de ce pays soient privés de gouvernement fixe et régulier.

(*La planche 16 du second atlas présente une vue de l'isle de Rotterdam : la pl. 16 donne une idée des pirogues de ces insulaires.*)

CHAPITRE XVIII.

Passage aux Nouvelles - Hébrides. — Découverte de différentes îles. — Relâche dans le port Sandwich, île Mallicollo.

Le premier juillet, nous arrivâmes en vue de l'île de la Tortue ; nos bateaux ne purent parvenir à parler aux insulaires. On laissa, sur le récif qui borde l'île, des médailles, des clous, et un couteau que les Indiens durent sans doute ramasser, puisqu'après le départ de nos gens, ils reparurent au même endroit.

Le 13, nos matelots célébrèrent, avec leur gaieté habituelle, le second anniversaire de notre départ d'Angleterre. Ils burent largement : ils avoient économisé, pour ce grand jour, une partie de leur ration; et ils noyèrent leurs soucis dans le *grog*. L'un deux, qui étoit singulièrement dévot, composa un hymne à cette occasion, comme il l'avoit fait l'année précédente; et, après avoir sérieusement exhorté ses compagnons à la pénitence et surtout à la sobriété; il se mit à boire et à s'enivrer comme les autres.

Nous fîmes voile vers les pointes méridionales des terres qui étoient au Sud. Nous ne doutions pas que ce ne fussent les terres australes du Saint-Esprit de Quiros, que M. de Bougainville a nommées les *Grandes Cyclades*.

Le 16, nous gouvernâmes sur l'île des lépreux; M. Forster père découvrit le premier un petit pic de rocher, que M. de Bougainville a nommée pic de l'Etoile.

Nous apperçûmes sur la côte une grande foule d'habitans. De superbes cascades jaillissoient des montagnes voisines; les collines étoient couvertes de palmiers. Nous fûmes abordés par deux pirogues montées, l'une de trois Indiens, l'autre d'un seul. Ces insulaires étoient noirs, et tout nus, à l'exception de quelques ornemens qu'ils portoient sur la poitrine et aux bras. L'un d'eux seulement avoit une étoffe qui couvroit une de ses épaules, et passoit sous l'autre bras, en guise d'écharpe:
elle

elle étoit d'un blanc sale, avec une bordure rouge.

Nous arrivâmes, le 17, devant l'île de l'Aurore : celle de la Pentecôte sembloit s'y joindre ; mais, en nous approchant, nous reconnûmes la séparation. Celle-ci paroissoit mieux peuplée, plus florissante, et mieux cultivée que les autres.

Sur une pointe voisine d'une grande crique, étoient des habitans qui sembloient nous presser de descendre à terre ; mais ce n'étoit probablement pas dans de bonnes intentions, car ils étoient armés d'arcs et de flèches.

J'envoyai sur la côte un officier avec plusieurs bateaux. De retour de sa mission, il nous rapporta que les naturels s'étoient avancés, sur leurs pirogues, fort près de lui; mais, loin de l'insulter, ils agitoient des rameaux verds : puis, après avoir rempli leurs mains d'eau salée, ils la versoient sur leurs têtes. Mon lieutenant ne manqua pas de répéter cette espèce de salutation. Enfin ils se hasardèrent de plus près : ils répétoient continuellement les mots *tomarr* et *tomarro*, qui paroissent correspondre au *tayo* d'Otahiti. La plupart, cependant, étoient armés d'arcs, de flèches, et de piques; se tenant ainsi sur la défensive.

Dès que nous fûmes à l'ancre, plusieurs Indiens arrivèrent dans les pirogues. On leur donna des étoffes d'Otahiti, qui eurent tant de prix pour eux, qu'ils donnèrent en retour quelques-uns de leurs traits.

Les uns avoient seulement une pointe de bois; d'autres avoient une pointe d'os, barbouillée d'une gomme noirâtre, ce qui nous les fit croire empoisonnés. Pour les essayer, nous blessâmes à la jambe un petit chien d'Otahiti; mais cette plaie n'eut point de suites extraordinaires.

Ils ne ressembloient à aucuns de leurs voisins: ils étoient tous d'une extrême noirceur. Leur hauteur n'excédoit généralement pas cinq pieds quatre pouces. Leurs membres manquoient de proportion; ils avoient les jambes et les bras d'une longueur et d'une minceur extrême; les cheveux noirs, crêpus et laineux; le nez large et plat; les os des joues saillans comme les nègres; un front bas, et quelquefois singulièrement comprimé. La plupart avoient le visage et la poitrine barbouillés de noir; ce qui nous choquoit encore plus que leur laideur naturelle. Un petit nombre d'entre eux portoit sur la tête un chapeau de natte. Du reste, ils étoient absolument nus; une corde leur serroit le ventre avec tant de force, qu'elle y faisoit un sillon très-profond. La plupart des autres nations se couvrent les reins d'un pagne, par modestie; mais l'étoffe cordée, dont se servent ces insulaires, révolte plus la pudeur qu'elle ne lui est favorable.

Leur langue étoit aussi très-différente des autres dialectes de la mer du sud. Ils parloient autour du vaisseau d'un ton fort élevé; mais il régnoit tant d'hilarité dans leurs propos, qu'ils nous amusèrent beaucoup. Leurs manières, leurs figures, et leur éternel bavardage, nous les faisoient comparer à des singes.

Le soir, ils retournèrent sur le rivage, y allumèrent des feux, et on les entendit parler avec la même volubilité qu'ils l'avoient fait parmi nous. A huit heures, ils revinrent tous sur leurs pirogues, tenant à la main des tisons brûlans, et ils recommencèrent la conversation. Nous étions extrêmement surpris de les voir si empressés autour de nous pendant la nuit; car rarement les Indiens restent auprès d'un vaisseau après le coucher du soleil.

Le 22, une foule d'Indiens arriva au vaisseau; j'en engageai un à monter à bord : il fut aussitôt suivi d'un plus grand nombre que je ne l'aurois desiré ; de sorte que non seulement le pont, mais presque tout le vaisseau, s'en trouvoit rempli. J'en fis entrer quatre dans ma chambre, et leur distribuai des présens, qu'ils s'empressèrent de faire voir aux Indiens des pirogues.

Notre accueil parut les ravir ; mais il survint tout-à-coup un évènement qui répandit d'abord la confusion, mais qui, je crois, tourna dans la suite à notre avantage.

Un Indien d'une des pirogues, sur le refus qu'on lui avoit fait de le laisser entrer dans un de nos bateaux, qui étoit en dehors, tendit son arc pour tirer une flèche au canotier. Plusieurs de ses compatriotes s'opposèrent à son dessein, et me donnèrent ainsi le temps d'être averti de ce qui se passoit. J'accourus aussi-tôt, et je vis cet insulaire se débat-tant avec un des Indiens que j'avois reçu dans ma chambre, et qui étoit sauté par la fenêtre pour contenir ce furieux. Celui-ci parvint néan-moins à se dégager : il alloit tirer sa flèche sur le canotier; mais je le me-naçai de dessus le pont. Loin d'être intimidé, il dirigea son arc contre moi. Je le prévins d'un coup de fusil à petit plomb. Il chancela; mais il n'en banda pas moins son arc de nouveau, pour décocher sa flèche. Une seconde décharge de même na-ture la lui fit tomber des mains; et ceux qui étoient avec lui dans la pirogue s'empressèrent de regagner le bord à force de rames.

Sur ces entrefaites, plusieurs Indiens décochèrent des flèches de l'autre côté du vaisseau. Un coup de fusil tiré en l'air ne les effraya point; mais un canon de quatre, tiré par-dessus leur tête, les dispersa. Une foule d'Indiens, qui se trouvoient dans ma chambre et sur les ponts, partagèrent leur épouvante, et s'enfuirent par-dessus bord.

Après qu'on eut mis le feu au canon, nous entendîmes sur le rivage le roulement du tambour : c'étoit sans doute un signal d'alarme. Nous n'en fîmes pas moins les préparatifs de débarquement.

Nous effectuâmes notre descente en présence de quatre ou cinq cents habitans, rassemblés sur le rivage. Quoique tous fussent armés de flèches, de massues, et de lances, nous ne rencontrâmes pas le moindre obstacle. Voyant, au contraire, que je m'avançois seul, sans armes, une branche verte à la main, l'un d'eux, qui paroissoit être un chef, remit son arc et ses flèches à un autre, et se mit dans l'eau jusqu'à la ceinture pour venir à ma rencontre. Il tenoit aussi un rameau verd, qu'il échangea contre le mien : puis, me prenant par la main, il me présenta à ses compatriotes. Je me mis de suite à leur distribuer des présens, pendant que les soldats de marine se rangeoient en bataille sur la grève.

Je déclarai, par signes, à ces insulaires, que nous avions besoin de bois : ils nous répondirent que nous pouvions en couper.

Sur ces entrefaites, on m'offrit un petit cochon. Je donnai, à celui qui me l'apportoit, une pièce d'étoffe, dont il parut flatté. J'espérois pouvoir me procurer d'autres provisions; mais je me trompois : le cochon ne m'avoit pas été vendu, mais donné comme gage de la paix. Nous ne pûmes obtenir qu'une douzaine de noix de cocos, et une petite quantité d'eau fraîche.

Nos clous, nos outils de fer, et en général tout ce que nous avions, ne paroissoient avoir pour eux aucune valeur. Ils consentoient, de temps à autre, à troquer une flèche contre une pièce d'étoffe; mais rarement ils consentoient à nous céder un arc. Ils ne vouloient point que nous pénétrassions dans l'intérieur du pays, et desiroient fort que nous retournassions au vaisseau.

Ils nous vendoient aussi des flèches empoisonnées ; mais en nous avertissant de ne pas essayer la pointe contre nos doigts : ils nous disoient, par des signes fort intelligibles, qu'un trait ordinaire peut percer le bras d'un homme de part en part, sans le faire périr ; tandis que la plus légère égratignure de ceux-ci suffisoit pour donner la mort.

Pendant que l'on coupoit du bois, nous eûmes une nouvelle alarme. Au babil que les insulaires faisoient entendre, succéda subitement un morne silence. Nous nous regardâmes les uns les autres ; les deux ailes de notre garde se replièrent, et se disposèrent au combat. Les Indiens paroissoient s'attendre à quelque nouveau malheur; mais, s'appercevant que nous restions tranquilles, ils recommencèrent de nouveau à converser entre eux; en peu de minutes on se rassura des deux côtés: nos coupeurs de bois reprirent leur travail, et les Indiens ne pouvoient se lasser d'admirer leur adresse.

Voici ce qui avoit donné lieu à cette alerte :

Un des matelots ayant prié un Indien de décocher en l'air une flèche, le plus haut qu'il lui seroit possible, ce dernier y consentit. Déjà son arc étoit tendu, lorsque ses compatriotes, craignant que la vue de cette flèche lancée ne nous parût une infraction de la paix, lui crièrent de s'arrêter, et effrayèrent tout

le

le peuple qui étoit sur la grève. On prononça quelques mots, dont l'effet subit fut de produire un silence universel.

Après que le bois fut coupé, nous nous rembarquâmes. Ayant apperçu, sur le rivage, un Indien portant la bouée d'une ancre, qu'il avoit prise pendant la nuit, je descendis à terre pour la reprendre. Cet homme me la rendit à l'instant même, et sans proférer une parole.

Nous observâmes les cabanes de ces insulaires; elles sont un peu basses, et couvertes de feuilles de latanier. Quelques-unes étoient fermées tout autour avec des planches : la porte consistoit en un trou quarré. Nous ne vîmes qu'un groupe de six de ces cabanes, et de petites plantations, entourées d'une haie de roseaux, comme aux îles des Amis. Nous y découvrîmes encore des cocotiers, des arbres-à-pain, des bananiers, mais en petit nombre, et chargés de peu de fruits. Nous apperçûmes de plus une assez grande provision de superbes ignames, qu'on avoit entassées sur une espèce de plate-forme, composée de branches d'arbres, une vingtaine de cochons, et des poules qui rôdoient autour de ces demeures.

Ayant suivi à pied le long du rivage, nous découvrîmes les îles qui sont au sud-est, et dont nous avons déjà parlé. Ce fut alors que nous apprîmes le nom de ces îles et de celle où nous nous trouvions : on l'appelle Mallicollo (1). Celle au-dessus de la pointe méridionale d'Ambrym se nomme Apée; l'autre, où nous avons remarqué un pic, s'appelle *Apoom*. Nous trouvâmes, sur cette côte, un fruit semblable à une orange, que les insulaires appellent *abbi-mota*. Comme il étoit gâté, je n'ai pu savoir s'il étoit bon à manger.

Nous continuâmes à longer le rivage, afin de trouver de l'eau douce; car, jusqu'alors, nous n'en avions pas vue d'autre que celle que les naturels nous avoient apportée; nos recher-

(1) Quelques-uns de nos gens prononçoient *Manicolo* ou *Monicola*: c'est ainsi que le nom en est écrit dans Quiros.

ches furent infructueuses. La chute du jour nous empêcha de bien décider ce point. En retournant à bord, nous entendîmes le son du tambour, et de quelques autres instrumens: nous apperçûmes des danses d'insulaires ; mais le bruit que faisoient nos armes, et notre aspect, les intimidèrent ; ils s'arrêtèrent tout-à-coup. Au reste, cette musique ne se distinguoit ni par la douceur ni par la variété des sons ; mais elle sembloit plus vive et plus gaie que celle des îles des Amis.

Une vieille femme nous vendit deux morceaux de sélénite transparente, taillés en forme conique, et réunis par les angles. La base pouvoit avoir un pouce de diamètre; chacun de ces morceaux avoit neuf lignes de diamètre. Cette femme les détacha du cartilage de son nez, qui avoit un trou fort large, et étoit peint d'une couleur noire.

Le 23, je mis sous voile ; les Indiens, nous voyant partir, eurent plus de confiance qu'auparavant, et nous donnèrent des preuves surprenantes de leur loyauté. Comme nous marchions très-vîte, nous laissâmes en arrière plusieurs pirogues qui avoient reçu nos marchandises, sans avoir eu le temps de nous rien donner en échange. Au lieu de tirer parti de cette circonstance, ils firent tout ce qu'ils purent pour nous atteindre, et nous remettre les objets que nous avions payés. Un de ces Indiens eut la patience de nous suivre long-temps ; et, le calme étant survenu tout-à-coup, il réussit à nous rejoindre. Dès qu'il fut à bord, il nous montra ce qu'il avoit vendu : plusieurs personnes voulurent lui en donner le prix; mais il refusa de s'en défaire, jusqu'à ce qu'ayant apperçu son acquéreur, il le lui remît. Cette personne, ne le reconnaissant pas, lui en offrit de nouveau la valeur; mais l'honnête Indien ne voulut rien recevoir. Les pièces d'étoffes et le papier marbré furent très-recherchés de ces Indiens.

Pendant la traversée, nous essayâmes, sur un chien, une des flèches empoisonnées. Dès le premier jour de notre arrivée, nous avions déjà fait une semblable expérience; mais nous attribuâmes le défaut de succès au peu de profondeur de l'incision

On prit cette fois des mesures plus efficaces : pendant quelques jours, nous crûmes (c'étoit peut-être une illusion) que l'animal ne se portoit pas aussi bien qu'auparavant ; mais ensuite il se rétablit, comme s'il ne lui fût rien arrivé. Nous le ramenâmes bien portant en Angleterre. Au reste, ces Indiens paroissent bien connoître la nature du poison ; car, lorsqu'ils nous apportoient de l'eau sur le rivage, ils la dégustoient, pour nous faire entendre que nous pouvions en boire en toute sûreté.

Mallicollo a une vingtaine de lieues en longueur du nord au sud. Les montagnes intérieures sont très-élevées, couvertes de forêts : elles doivent contenir de belles sources d'eau douce ; mais l'épaisseur des arbres ne nous a pas permis de les découvrir. Ses productions végétales y sont abondantes, mais peut-être d'une qualité inférieure à celles des autres îles de la mer du sud.

Ils n'ont pas d'autres animaux domestiques que les cochons et les volailles : nous leur avons laissé un chien et une chienne, qu'ils reçurent avec un extrême plaisir. Ils les appeloient *broas*, du même nom que leurs cochons; ce qui nous fit croire que ces animaux leur étoient tout-à-fait inconnus.

Les habitans de quelques contrées de la nouvelle Guinée et de la terre des Papous semblent avoir beaucoup de rapports avec les Mallicollois.

Le climat de toutes ces îles est

fort chaud ; mais nous n'y avons pas éprouvé de chaleur extraordinaire. Dans un tel pays, le vêtement est un objet de luxe ; aussi en sont-ils, pour la plupart, dépourvus. La ceinture cordée dont ils se servent est moins une précaution de la pudeur, qu'un moyen de mettre des organes sensibles à l'abri des accidens.

L'agriculture consumant la majeure partie de leur temps, ils n'ont pas en effet le loisir de fabriquer des étoffes. Ce peuple d'ailleurs paroît aimer la musique et la danse avec passion.

CHAPITRE XIX,

Découverte de quelques autres îles. — Incidens survenus au cap des Traîtres. — Relâche dans l'île de Tanna. — Mœurs des habitans.

Au sortir de Mallicollo, nous gouvernâmes sur l'île d'Apée, voisine de celle d'Ambrym, où est un volcan. Le 24, au lever du soleil, nous découvrîmes encore plusieurs autres îles : nous approchâmes d'une d'elles, remarquable par les trois mamelons d'une haute montagne ; ce qui lui a fait donner le nom d'île des *Trois-Collines*. Nous portâmes ensuite sur un groupe de petites îles, au S. E. de la pointe d'Apée. Je les nommai îles *Shepherd*, en l'honneur d'un de mes amis, professeur d'astronomie à Cambridge.

La veille de notre départ du port Sandwich, on prit à la ligne deux poissons rougeâtres, gros comme de fortes brêmes, et d'une forme assez semblable. Ces deux poissons servirent, le lendemain, au dîner de la plupart des officiers et des bas-officiers. Dès la même nuit, ceux qui en avoient mangé eurent une forte indisposition. On ne douta pas que cet accident ne provînt de la qualité venimeuse de la chair de ce poisson; car les chiens, les cochons, et même un joli perroquet, qui en avoient mangé, furent très-malades : le perroquet, un chien, et un cochon, moururent dans les vingt-quatre heures. Nos messieurs furent huit ou dix jours sans se rétablir. Ces poissons apparemment sont de l'espèce de ceux que Quiros appelle pargos, et qui eurent des suites si funestes pour la santé de son équipage.

Nous n'avions apperçu presque aucun habitant sur la plupart de ces îles pendant le jour; mais des feux allumés pendant la nuit nous convainquirent qu'elles étoient habitées.

Le 25, nous passâmes entre un rocher de forme pyramidale, que nous nommâmes le *Monument*, et une petite île, que nous appelâmes *les Deux-Collines*, à cause des deux mamelons qui s'y font remarquer. Nous en découvrîmes successivement

ment d'autres, que je nommai *Montaigu*, *Hinchinbrook*, et *Sandwich*. Cette dernière est la plus considérable; nous y apperçûmes des habitans. Nous vîmes, sur la côte, des cocotiers, des palmiers, et d'autres arbres en bosquets touffus, des huttes grossières, et des pirogues échouées sur la grève.

Le 2 août, nous mîmes le cap sur une autre île où se trouvoient des plantations de bananes, enfermées par des enclos. Plusieurs des naturels marchèrent quelque temps dans l'eau, pour nous inviter à descendre.

Deux légers accidens nous causèrent, ce jour-là, de fortes alarmes. A dix heures, on cria au feu; à cette alerte, l'épouvante s'empara de tout l'équipage ; la terreur empêcha, dans les premiers momens, de prendre les mesures convenables pour arrêter les progrès de l'incendie; mais on parvint aisément à l'éteindre. Il étoit causé par une pièce d'étoffe d'Otahiti, qu'on avoit eu l'imprudence de laisser auprès d'une lampe, et qui avoit pris feu.

L'autre évènement étoit la chute dans l'eau d'un soldat de marine, qui ne savoit pas nager, mais qu'on eut le bonheur de retirer.

Le 3 août, nous prîmes un assez bon mouillage ; plusieurs habitans se présentèrent sur la côte; ils poussoient des cris et des hurlemens. De loin, ils ressembloient aux Mallicollois. L'un d'eux avoit des cheveux roux, et il étoit plus blanc que les autres. Il faut observer que nous n'apperçûmes, ni en mer ni sur la côte, pas une seule pirogue.

Le 4, je me rendis, avec la chaloupe, sur un point du rivage où le débarquement n'étoit cependant pas facile, à cause des rochers qui hérissent la côte de toutes parts.

Je poussai sur le rivage l'avant de ma chaloupe : je distribuai des étoffes, des médailles et d'autres présens aux Indiens qui s'y trouvoient. Ils m'offrirent de tirer les bateaux par-dessus les brisans. Je jugeai d'abord cette offre très-amicale ; mais j'eus ensuite des motifs pour changer d'opinion. Les naturels, voyant que nous refusions de faire ce qu'ils desiroient, nous engagèrent, par signes, à remonter la grève. Je tentai le débarquement en deux ou trois endroits. Je trouvai enfin un lieu favorable à mes vues ; je descendis à terre, à pied sec, en présence d'une foule considérable, n'ayant à la main qu'une branche verte, que l'un d'eux m'avoit remise : une seule personne m'accompagnoit.

Ces insulaires me reçurent de l'air le plus gracieux et le plus obligeant ; il ne me fallut qu'un signe de main, pour les éloigner de ma chaloupe. L'un d'eux, qui me parut un chef, les fit ranger en demi-cercle autour de la proue du bateau : il frappa tous ceux qui cherchoient à dépasser la ligne. Je le comblai de présens ; je fis également des libéralités aux autres, et leur demandai, par signes, de l'eau fraîche, espérant qu'ils me montreroient la source où ils la puisoient.

Le chef dit alors quelques mots à un Indien, qui alla chercher, dans une maison voisine, un vase de bambou, rempli d'eau. Cela ne me mettait point au courant de ce que je desirois savoir. Je demandai ensuite des rafraîchissemens; on m'apporta une igname et des noix de cocos. J'étois assez satisfait de leur conduite ; la seule chose qui pût laisser subsister des soupçons, c'est que la plupart des naturels étoient armés. Aussi je ne perdois pas de vue le chef; j'observois attentivement ses regards et toutes ses démarches. Il me fit plusieurs signes pour me prier de hâler le bateau sur le rivage ; puis il s'enfonça dans la foule, où je le vis causer avec plusieurs Indiens. Il retourna ensuite vers moi, et me réitéra, par signes, l'invitation de hâler le bateau. Il balança, pendant quelque temps, à accepter des clous que je lui offrois. Je suspectai là-dessus quelque projet ; je m'approchai de mon canot, en faisant entendre au chef que j'allois revenir.

Mais l'intention des Indiens n'étoit pas de nous séparer si promptement. Ils cherchèrent à obtenir par force ce que la douceur ne leur avoit pas fait accorder. Malheureusement la planche de débarquement ne se trouva pas mise, les Indiens s'en emparèrent ; et, l'accrochant sur l'étrave, ils essayèrent de tirer le bateau sur le rivage ; d'autres, en même temps, se jettèrent sur les armes, pour les arracher des mains des matelots. Ils lâchèrent prise, en voyant que je leur présentois le bout de mon fusil ; mais ils revinrent bientôt à la charge.

Ne voulant pas tirer sur la multitude, je résolus de me venger sur le chef lui seul ; mais l'amorce brûla, sans que le coup partît. Quelque idée qu'ils se fussent jusqu'alors formée de nos armes, ils ne durent plus les considérer que comme des jouets d'enfans. Ils voulurent nous montrer la supériorité des leurs, en faisant pleuvoir sur nous une grêle de pierres, de dards et de flèches. Je me vis dans la triste nécessité d'ordonner de tirer.

La première décharge jeta le désordre parmi eux; mais la seconde parvint facilement à les chasser du rivage. Heureusement pour eux, il n'y eut que la moitié de nos fusils qui prit feu. Ils eurent seulement quatre hommes de tués et deux de blessés. Un de nos gens fut blessé, à la joue, d'un dard, dont la pointe de bois étoit de l'épaisseur d'un doigt, mais qui cependant étoit entré de deux pouces; ce qui prouve avec quelle vigueur on l'avoit décoché. M. Gilbert fut effleuré d'une flèche à la poitrine. (*Voyez la figure* 18 *du second atlas.*)

Quand nous fûmes retournés à bord, plusieurs habitans se montrèrent sur la pointe basse du rocher, et nous firent voir deux rames que nous avions laissées sur le champ de bataille. Je regardai cela comme une marque de soumission et du desir de nous rendre ces armes. Je n'en fis pas moins tirer une pièce de quatre, pour leur donner une idée de notre artillerie : le boulet ne porta pas jusqu'à eux, mais il leur causa une grande frayeur.

Ces insulaires paroissent être une race d'hommes différente des Mallicollois : aussi leur langage n'est-il pas le même. Ils sont d'une taille petite, mais bien prise ; leurs traits n'ont rien de désagréable ; leur teint est couleur de cuivre ; ils se barbouillent le visage, les uns de noir, les autres de rouge ; leurs cheveux sont bouclés et laineux. Le peu de femmes que j'aie entrevues paroissoient très-laides ; elles ont une espèce de jupe, faite de feuilles de palmier, ou d'une plante à-peu-près semblable. Les hommes sont nus, et n'ont, comme ceux de Mallicollo, qu'une corde autour des reins. Nous nommâmes cette pointe, le *Cap des traîtres*.

Nous remîmes à la voile, et nous dirigeâmes vers une autre île, où paroissoit une grande lumière, qui sembloit provenir d'un volcan. Au jour, notre conjecture se trouva fondée.

Nous gouvernâmes sur cette île, et y trouvâmes un bon mouillage. Les Indiens s'assemblèrent en plusieurs endroits du rivage : tous étoient armés d'arcs, de flèches, et de piques. Ceux qui vinrent nous visiter à la nage ou en pirogues se comportèrent d'abord avec timidité : insensiblement ils se enhardirent, et firent avec nous des échanges. Bientôt leur conduite devint insolente ; ils cherchèrent à nous voler plusieurs effets, entre autres, le pavillon et les bouées de nos ancres.

Des coups de fusil tirés en l'air ne produisirent aucun effet ; mais la décharge d'une pièce de quatre les consterna de frayeur : ils sautèrent tous en bas de leurs pirogues, et se sauvèrent à la nage.

Dès qu'ils reconnurent qu'il ne leur étoit arrivé aucun mal, ils rentrèrent dans leurs canots, et jettèrent de grands cris, en nous menaçant de leurs armes. Il fallut faire siffler autour de leurs oreilles quelques balles qui ne tuèrent personne, mais les effrayèrent assez pour les renvoyer sur le rivage.

Au bruit du canon, tous s'étoient sauvés, à l'exception d'un jeune homme bien fait, et d'une charmante physionomie, lequel resta seul dans sa pirogue, sans donner le moindre indice de crainte, en jetant, au contraire, sur ses compatriotes effrayés, un regard dédaigneux.

Pendant la fusillade, un vieillard, légèrement blessé, ne quitta point son poste; et même, après avoir essuyé trois décharges consécutives, il eut la générosité de venir nous offrir son amitié, et de nous donner une noix de coco. Il fit ensuite plusieurs voyages, et nous apporta
des

des cocos ou des ignames. Un autre insulaire se trouvoit, pendant que l'on faisoit feu, dans la galerie du faux pont ; je ne pus le rassurer assez pour l'engager à rester.

Vers le soir, je descendis, avec un fort détachement, à l'entrée de la baie pour y faire de l'eau. Les Indiens ne s'opposèrent point à notre débarquement ; ils s'étoient formés sur deux haies, l'une à droite, l'autre à gauche ; tous étoient armés de massues, de dards, de piques, de frondes et de pierres, d'arcs et de flèches, et se tenoient sur la défensive, prêts à fondre sur nous, à la première alarme. Je fis porter à terre deux pièces à l'eau ; nous les remplîmes sans difficulté à un étang voisin, et tout se passa le mieux du monde. Ils nous dirent que leur île s'appeloit Tanna. (*Voyez la pl. 19 du second atlas.*)

Le soir, nous vîmes briller la flamme du volcan ; de cinq en cinq minutes, on entendoit des explosions, dont quelques-unes égaloient, par leur fracas, le plus violent tonnerre. L'air étoit rempli de fumée et de cendres, dont les particules subtiles nous causoient beaucoup de douleur, quand elles tomboient dans les yeux. En peu d'heures, les ponts, les agrêts, et toutes les parties du vaisseau, furent remplis de cendres noirâtres.

Le lendemain, après avoir placé le bâtiment en travers, et dirigé l'artillerie de manière à commander tout le hâvre, je m'embarquai sur trois bateaux, avec des soldats de marine et un détachement de matelots. Les deux corps d'insulaires avoient laissé entre eux un intervalle d'une centaine de pas, où ils avoient déposé des bananes, une igname, et deux ou trois racines. Ils avoient (je n'ai jamais su pourquoi) dressé sur le sable, entre ces fruits et la grève, quatre petits roseaux, de deux pieds environ chacun, sur une ligne qui formoit un angle droit avec la côte.

Le vieillard, dont nous avons parlé, et deux autres, se tenoient à l'écart. Ils nous invitoient, par signes, à descendre à terre; mais je n'avois pas oublié le piège dont j'avois pensé être victime dans la dernière île. Je répondis, en faisant signe aux deux divisions, composées d'environ neuf cents hommes, de reculer, et de laisser un espace plus considérable. Le vieillard se joignit à nos instances, mais ils n'eurent pas plus de déférence pour lui que pour nous : ils se rapprochèrent encore davantage. En un mot, tout annonçoit qu'ils avoient dessein de nous attaquer à notre descente. Voyant qu'ils refusoient de nous laisser le champ libre, je jugeai plus à propos de les effrayer, que de les contraindre à la retraite par des décharges meurtrières.

Je fis tirer un coup de fusil sur la division de notre droite, qui étoit la plus nombreuse ; mais l'épouvante ne fut pas de longue durée: ils revinrent bientôt de leur frayeur, et se mirent à nous menacer de leurs armes. Un des plus impudens nous montra son derrière, et se frappa les fesses avec la main ; ce qui est un signe de défi chez toutes les autres nations de la mer du sud. Nous repondîmes à ces forfanteries par trois ou quatre coups de fusil : c'étoit un signal pour le vaisseau, qui fit aussitôt jouer l'artillerie, et le rivage fut balayé, sans cependant que je sache qu'il y ait eu aucun Indien tué ou blessé.

Nous débarquâmes alors, et marquâmes des limites par une ligne à droite et à gauche. Notre vieux ami étoit resté seul à son poste ; je récompensai sa confiance par un présent. Nous obtînmes, par son entremise, la permission de faire de l'eau et de couper du bois.

L'après-midi, nous retournâmes à l'aiguade. Les Indiens reparurent au nombre de vingt ou trente : notre ami Paowang étoit du nombre; il nous donna un petit cochon, et ce fut le seul que nous nous procurâmes dans cette île.

Le lendemain, 6 août, nous reprîmes à terre nos occupations. Les insulaires, et sur-tout les vieillards, se montrèrent disposés à nous traiter en amis; mais les plus jeunes furent insolens au dernier point. L'un des plus mutins obligea M. Edgecumbe à lui tirer son fusil chargé à dragées. Cette correction rendit les autres plus circonspects. Au coucher du soleil, tous se dispersèrent, hormis qnelques-uns qui vinrent nous avertir qu'ils alloient dormir, et parurent nous en demander la permission. Nous leur fîmes signe de partir, et ils nous quittèrent aussitôt. Nous regardâmes cette conduite comme une sorte de cérémonial; ils ne croyoient apparemment pas qu'il fût honnête de laisser leurs hôtes seuls : ce qui indique en eux des notions de politesse et de bienséance.

Dès le lendemain, les insulaires parurent tout-à-fait réconciliés avec nous. On me rapporta qu'ils avoient invité quelques-uns de nos gens à les suivre dans leurs maisons, à condition qu'ils y viendroient tout nus, à la mode du pays. Cela prouve que leur dessein, quel qu'il pût être, n'étoit pas de les voler.

Ils nous apprirent le nom des îles voisines. Ils appellent *Erramanga*, celle d'où nous partîmes pour la leur.

Nous fîmes connoissance avec le jeune Indien qui avoit montré tant d'intrépidité, lors de la première affaire : il montroit beaucoup d'intelligence ; ses manières à table étoient remplies de décence et de grace : la seule chose qui nous choqua, c'est qu'en guise de fourchette, il se servoit d'un petit bâton, qu'il portoit dans ses cheveux pleins de graisse, et avec lequel il se grattoit de temps en temps la tête : il se nommoit *Wha-à-gou*.

Ces insulaires me firent entendre,

d'une manière fort intelligible, qu'ils sont anthropophages, et qu'ils pratiquent la circoncision. Ils entamèrent les premiers cette matière, en nous demandant si nous mangions de la chair humaine ; sans cela, je n'aurois pas songé à leur faire cette question.

Le 9, je fus informé qu'un des travailleurs de la chaloupe, chargé de faire de l'eau, ayant voulu tirer une pierre d'une source, avoit ressenti une chaleur très-vive à la main. Cet incident nous fit connoître plusieurs sources chaudes sur les rochers qui restent à sec pendant les quadratures.

Le 10 août, M. Walles et deux autres personnes pénétrèrent dans l'intérieur du pays ; ils arrivèrent à un petit village isolé, dont les habitans leur firent le meilleur accueil.

MM. Forster firent aussi une promenade ; ils reconnurent, derrière l'aiguade, plusieurs étangs d'eau stagnante, où les insulaires avoient planté beaucoup d'*arum*. Les cocotiers formoient des bosquets étendus, remplis de différens arbrisseaux, et fourmillant d'une multitude d'oiseaux, sur-tout de gobemouches, de bouvreuils et de perroquets.

Il paroît que les habitans de Tanna chassent aux oiseaux ; car un des lieutenans tua un pigeon, qui avoit deux longues plumes blanches attachées à sa queue avec des cordons.

Pendant leur excursion, plusieurs naturels vinrent leur dire qu'un de nos compatriotes avoit tué deux pigeons : pour leur apprendre cette nouvelle, ils se servirent d'une langue, exactement la même que celle qu'on parle aux îles des Amis. Ils employèrent vraisemblablement cet idiome, parce qu'ils avoient remarqué que plusieurs d'entre nous en savoient prononcer quelques mots. Ils ajoutèrent que cette langue se parloit à l'île d'Erronam, située à sept ou huit lieues à l'est de Tanna. Il faut donc qu'une colonie, de la même race que celle qui occupe les îles des Amis et toutes les îles orientales de la mer du sud, se soit établie sur cette île ; ou bien que les naturels d'Erronam entretiennent un commerce avec ceux des îles des Amis, par l'entremise de quelques îles qui nous sont inconnues.

Les naturels dédaignoient nos outils de fer ; ils préféroient de petits morceaux de pierre néphrétique de la nouvelle Zélande, de la nacre de perle, et sur-tout des écailles de tortue : ils troquèrent leurs armes contre ces derniers articles. D'abord, ils ne voulurent donner que des dards et des traits ; ensuite ils se défirent volontiers de leurs arcs et de leurs massues.

Les naturels ne voyoient pas d'un œil satisfait nos messieurs parcourir leur pays. Comme M. Forster et d'autres personnes vouloient suivre la côte, quinze ou vingt naturels se précipitèrent autour d'eux, et les supplièrent

supplièrent avec instances de revenir sur leurs pas. Enfin, ils leur dirent, par signes, qu'on les tueroit et qu'on les mangeroit. Nos messieurs avoient d'abord compris, au contraire, qu'on leur offroit des provisions ; mais les Indiens s'empressèrent de les détromper ; ils leur montrèrent, par signes, comment ils tuoient un homme, comment ils lui coupoient les membres, et séparoient sa chair de ses os. Enfin, ils se mordirent le bras, pour annoncer plus clairement qu'ils mangeoient de la chair humaine.

Sur cette menace, nos messieurs rebroussèrent chemin, et se rendirent vers une hutte, à vingt-cinq toises de là, dans un lieu où le terrain commençoit à monter. Quand ils s'apperçurent que nous nous étions si fort avancés, plusieurs sortirent tous armés de la hutte, sans doute pour les repousser de force. Il fallut donc bien que nos messieurs se retirassent pour ne point compromettre la vie de ces insulaires. Le motif qui les amenoit dans ce lieu, ne laissoit cependant pas d'être important. Tous les matins, à l'aube du jour, on entendoit de ce côté un chant grave et solemnel qui duroit plus d'un quart-d'heure. Persuadés que c'étoit un acte religieux, et qu'il y avoit un temple caché dans ces bocages, nos messieurs voulurent s'en assurer de près. Le soin que prirent les naturels pour les écarter, les confirma dans leur supposition.

En revenant sur leurs pas, ils

voulurent gravir une petite colline, pour essayer si de là ils ne pourroient pas faire quelques observations ; mais les Indiens les arrêtèrent avec plus d'énergie que jamais, et il auroit fallu en venir à quelque extrémité désagréable, si l'on n'eût précisément rencontré le vieux Paowang, connu par son attachement aux Anglais. Ce vieillard interposa sa médiation, et persuada à ses compatriotes qu'ils n'avoient rien à craindre. Il en résulta que M. Forster et sa compagnie purent examiner à loisir les habitations de ces insulaires.

Le 13 août, Paowang dîna avec nous. Je profitai de cette occasion pour lui faire voir différentes parties de notre vaisseau et plusieurs de nos richesses européennes, espérant que quelques-uns de ces objets flatteroient sa curiosité, et que, pour les avoir, il nous donneroit des rafraîchissemens. Mon attente fut déçue ; Paowang considéra tout avec la plus parfaite indifférence. La seule chose qui attira un moment son attention, fut une horloge de sable qu'il parut admirer, et qu'il fit tourner deux ou trois fois.

M. Forster fit encore une excursion dans le pays. Les habitans se rassemblèrent en foule autour des Anglais. M. Forster ayant par hasard fredonné une chanson, on le supplia de chanter. Quoiqu'aucune des personnes de la troupe ne fût habile en musique, on n'en satisfit pas moins leur curiosité, et on leur chanta différens airs. Les chansons anglaises et allemandes, sur-tout celles d'une mesure gaie, leur firent un plaisir infini; et le docteur Spartmann, s'étant mis à entonner une ariette suédoise, obtint des applaudissemens unanimes.

Les Indiens, à leur tour, consentirent à donner un échantillon de leur savoir faire. L'un d'eux modula un air très-simple, mais harmonieux, et plus agréable que tous ceux qu'on avoit jusque-là entendus dans les îles de la mer du sud. A ce premier chanteur en succéda un second dont les modulations étoient différentes, et d'un style sérieux, analogue au caractère de ce peuple.

En cette circonstance, les naturels firent voir un instrument musical, assez semblable à la flûte de Pan, et composé de huit roseaux qui décroissoient en proportion régulière.

Les insulaires de Tanna nous offrirent un exemple d'affection, qui prouve que le caractère général des hommes est le même dans tous les pays. Une petite fille, âgée d'environ huit ans et douée d'une figure intéressante, nous regardoit à la dérobée entre les têtes des Indiens qui étoient assis en cercle autour de nous. Aussitôt qu'elle s'apperçut qu'on la regardoit, elle s'enfuit dans l'intérieur d'une hutte. Je lui fis signe de revenir ; et, pour mieux l'y déterminer, je lui montrai une pièce d'étoffe otahitienne. Cette démonstration ne suffit pas pour l'engager à reparoître. Son père se leva, et la ramena à force de caresses. Je pris l'enfant par la main, et lui fis présent de l'étoffe, ainsi que de quelques autres ornemens. Je vis aussitôt le contentement et la joie se peindre sur le visage du père.

Avant notre départ des huttes, les femmes allumèrent des feux dans l'intérieur et aux environs ; puis elles firent les préparatifs de leurs soupers. Les Indiens se précipitaient autour de ces feux ; il sembloit que leurs corps nus ne pussent supporter la fraîcheur de la soirée. Plusieurs d'entre les insulaires avoient, à la paupière supérieure, une tumeur que nous attribuâmes à la fumée, au milieu de laquelle ils sont perpétuellement assis. Elle obscurcissoit si fort leur vue, qu'ils étoient obligés de tourner la tête en arrière, jusqu'à ce que la pupille de l'œil fût dans la même ligne horizontale que l'objet qu'ils vouloient regarder. Plusieurs petits garçons, de cinq ou six ans, étoient incommodés de cette tumeur : ce qui nous fit croire qu'elle se propage peut-être de génération en génération.

Le lendemain 14, nous nous mîmes en marche pour reconnoître le volcan du plus près qu'il nous seroit possible. En arrivant à l'une des crevasses d'où s'exhaloit la fumée, nous fîmes un trou dans l'endroit le plus chaud, et y plongeâmes entièrement le thermomètre.

Après qu'il y eut séjourné une minute, il s'éleva à 210 degrés d'après l'échelle de Farenheit, ou 80 d'après celle de Réaumur; ce qui est la chaleur de l'eau bouillante. Il se maintint à cette hauteur tant qu'il fut dans le trou, c'est-à-dire pendant cinq minutes. Dès qu'on l'en sortit, il retomba sur-le-champ à 95°; puis il descendit insensiblement à 80 (30° $\frac{1}{2}$ d'après Réaumur), où il étoit avant l'expérience. La hauteur perpendiculaire de la première solfatara, au-dessus du niveau de la mer, est d'à-peu-près deux cent quarante pieds.

La surface de la terre, aux environs du volcan, répandoit une odeur sulfureuse; on y voyoit une légère croûte où brilloient du soufre natif et une substance alumineuse.

Toutes nos tentatives pour aborder le cratère du volcan, ont été inutiles; nous n'aurions pu y parvenir qu'en répandant le sang des Indiens qui s'obstinoient à nous fermer le passage. Avant cette excursion, quelques-uns de nos compagnons soupçonnoient ces Indiens de *pédérastie*, parce qu'ils s'étoient efforcés d'attirer dans les bois des personnes de l'équipage, et notamment celle qui portoit le sac de plantes de M. Forster. Comme les femmes de cette contrée sont exclusivement chargées de vaquer aux travaux domestiques, je soupçonnai (et je ne fus pas le seul) que les Indiens s'étoient abusés sur le sexe de celui qu'ils vouloient entraîner à l'écart. Mon hypothèse fut bientôt complètement vérifiée. Le peu de mots que j'entendis de leurs discours me convainquit qu'en effet ils le prenoient pour une femme; et, lorsqu'enfin ils eurent reconnu leur méprise, ils s'écrièrent : *Erramange! Erramange!* c'est un homme! c'est un homme!

CHAPITRE XX.

Description des îles d'Annatom, d'Erronam, de Tanna, et de plusieurs autres. — Relâche au port de la Résolution.

Le 15 août de la même année 1774, nous descendîmes, vers le soir, sur la côte orientale, pour reconnoître la position des îles Annatom et Erronam (ou Tootooua en langue du pays). Les brumes qui obscurcissoient l'horison, nous empêchèrent de les appercevoir.

Nous remarquâmes beaucoup de plantations de cannes à sucre. Pour cultiver ce végétal, on creuse des fosses

fosses de quatre pieds de profondeur, et de cinq ou six de diamètre : elles servent à prendre les rats, dont la multitude y causeroit, sans cette précaution, des ravages considérables. Les cannes étant plantées très-près les unes des autres, le long de ces fosses, lorsque les rats veulent mordre les cannes, ils manquent rarement de retomber dans le fossé.

Le 16, le timon du gouvernail s'étant rompu, je fus obligé de faire couper dans le voisinage un arbre pour le remplacer. Pendant qu'on y travailloit, on vint me dire que Paowang paroissoit fort mécontent. Je fis aussitôt abandonner l'entreprise ; puis j'allai trouver Paowang, lui donnai un chien et une pièce d'étoffe ; et je lui fis entendre que, la grande *pagaye* du vaisseau s'étant brisée, j'avois besoin de cet arbre pour en faire une autre. Tous les insulaires présens, ainsi que Paowang, y consentirent.

Notre bonne intelligence avec les habitans fut encore troublée par un évènement malheureux. Plusieurs matelots étoient occupés à charger le bateau de gros troncs d'arbres. Quatre ou cinq insulaires s'avancèrent pour voir où nous voulions le mener; et, comme on ne leur permettoit pas de dépasser certaines limites, la sentinelle leur enjoignit de se retirer. J'étois attentif à tous leurs mouvemens; et, voyant le soldat les menacer de son fusil, je m'approchai pour lui faire des reproches. Quel fut mon étonnement d'entendre tirer la sentinelle, sans la plus légère cause. Tous les Indiens prirent la fuite, et laissèrent l'un d'eux grièvement blessé. J'envoyai chercher le chirurgien; nous visitâmes ensemble le blessé qui étoit expirant. La balle lui avoit cassé un bras, et étoit entrée par les fausses côtes.

La sentinelle allégua que l'Indien avoit tendu son arc pour lui décocher une flèche, et qu'il avoit voulu le prévenir. Mais il se trompoit en cela; et, toutes les fois que les Indiens sembloient nous menacer de leurs armes, ils ne vouloient pas nous dire autre chose, sinon qu'ils étoient armés comme nous. C'est du moins ce qu'il étoit permis de présumer, puisqu'ils ne décochoient jamais leurs flèches.

Cet incident plongea les habitans dans une consternation extrême. Dans l'après-midi, il n'en reparut plus que quelques-uns, au nombre desquels étoit Paowang et Whaa gou que je n'avois vu qu'une fois. Ils nous promirent de nous faire apporter des fruits le lendemain; mais notre départ, qui eut lieu pendant la nuit, les en dispensa.

Les productions de l'île de Tanna sont le fruit à pain, les noix de cocos, un fruit, nommé Pavie, assez semblable à la pêche; l'igname, la patate, la figue sauvage, un fruit du genre de l'orange, qui n'est pas bon à manger, et d'autres enfin dont le nom m'est inconnu. Il paroît que les insulaires tirent de la terre la plus grande partie de leur nourriture, et que la mer leur offre peu de ressources, soit que la côte ne soit pas très-poissonneuse, soit que leurs pêcheurs ne soient pas assez adroits. Je n'ai vu parmi eux aucune espèce de filet. La seule manière qu'ils connoissent pour prendre le poisson, c'est de le harponner.

La petite île d'Immer semble principalement habitée par des pêcheurs : leurs pirogues sont d'inégale grandeur, composées de pièces de bois, grossièrement cousues avec des tresses de fibres de cocotier. Quelques-unes des grandes ont deux voiles; toutes sont à balancier.

Nous pensâmes, dans les commencemens, que les naturels de cette île, ainsi que ceux d'Erramanga, étoient un mélange des habitans des îles des Amis et de Mallicollo. En les observant de plus près, nous nous convainquîmes du peu de rapprochement qui existe entre ces tribus : leurs cheveux ont plus de ressemblance. Ils les divisent en petites mèches, autour desquelles ils roulent le *liber* d'une plante très-déliée, jusqu'à un pouce environ du bas. Jamais ils ne les défont ; à mesure qu'elles croissent, ils continuent de rouler l'écorce autour. La plupart des habitans y attachent un roseau mince d'environ neuf pouces de longueur, avec lequel ils se grattent ; et ce n'est pas sans besoin, car leur tête est garnie de vermine. Ils y mettent aussi, en guise d'ornement, un autre roseau garni de plumes de coq ou de chouette. Il en est qui y ajoutent un chapeau de feuilles de plantain verd, ou de nattes. D'autres divisent leur barbe en cordelettes semblables. Elle est forte et épaisse.

Les femmes et les jeunes gens impubères portent les cheveux courts. Nous vîmes parmi eux des hommes et des femmes, dont les cheveux étoient comme les nôtres : mais ou nous fit entendre qu'ils étoient d'une autre race, et qu'ils venoient d'Erronam.

Les naturels de Tanna sont d'une stature médiocre, et fort minces. J'en ai vus très-peu qui fussent gros et robustes. Au reste, ils sont tous pleins de feu et de vivacité : ils ont le nez large, les yeux grands et doux.

Ils excellent à manier les armes, et manifestent une singulière répugnance pour le travail : ils traitent les femmes comme des bêtes de somme. J'en ai vu une chargée d'un gros paquet ou d'un enfant, qu'elle portoit sur le dos, et tenant en outre un fardeau sous le bras, tandis que son mari, qui marchoit devant elle, ne tenait à la main qu'une massue ou une lance. Souvent nous avions remarqué, le long de la côte, sous l'escorte d'un certain nombre d'hommes armés, de petits troupeaux de femmes chargées de fruits et de racines.

Ces femmes ne sont pas précisément belles; mais elles sont, suivant moi, assez jolies pour les habitans, et même trop pour l'usage qu'ils en font. Elles n'ont d'autre vêtement qu'une corde autour des reins, et des brins de paille attachés devant et derrière. Quelques-unes s'enveloppent d'un petit jupon de fibres de bananiers. Les deux sexes sont d'une couleur foncée, mais il s'en faut qu'elle égale celle des nègres. Le noir de plomb, dont ils se barbouillent le visage, les fait paroître plus noirs qu'ils ne le sont réellement. Ils ont d'ailleurs d'autres fards rouges, brunâtres, etc. Ils se servent d'huile de cocos pour les appliquer, et s'en faire de longues raies blanches sur le visage, le cou, les épaules, et la poitrine.

Les deux sexes, et particulièrement les hommes, sont chargés de bracelets, de colliers, de pendans d'oreilles, et d'amulettes. Les femmes ont des colliers de coquillage.

Sur la fin de notre séjour dans leur île, ils commencèrent à nous demander des haches et de grands clous ; j'en conclus qu'ils reconnoissoient que le fer étoit bien plus utile que la pierre, l'os, et les coquilles, pour la fabrication de leurs instrumens.

Chez ces peuples, l'agriculture exceptée, les arts ont fait si peu de progrès, qu'à peine faut-il en faire mention. Leurs armes sont très-grossières. Les jeunes gens se servent en général de frondes et d'arcs : les hommes, d'un âge plus avancé, combattent avec des massues et des dards qu'ils lancent avec la main.

Voici en substance ce que rapporte M. Wales, qui, ayant passé beaucoup de temps à terre, a été mieux à portée que nous de les observer.

« Je croyois jusqu'alors que les
» choses surprenantes, qu'Homère
» raconte sur l'habileté de ses héros
» à lancer les javelots, étoient trop
» exagérées pour mériter une place
» dans un poëme héroïque; mais,
» lorsque j'ai vu ce que savent faire
» les insulaires de Tanna, avec des
» javelots de bois, armés de poin-
» tes grossières, et faciles à s'émous-
» ser, j'ai cru à la possibilité physi-
» que de tout ce que rapporte à cet
» égard le poëte grec. »

Ils grillent ou rôtissent leurs alimens, et n'ont pas de vase pour les faire bouillir. Nous n'avons aucune notion complète sur leur forme de gouvernement. Il paroît qu'ils ont des chefs, du moins on nous montra des habitans qui portoient ce titre. Mais ils ne paroissoient pas jouir d'une grande influence : ils sont d'un caractère plus sérieux que les nations des îles des Amis et de la Société, ou que les habitans sauvages de Mallicollo ; cependant leur musique est plus parfaite que celle des autres insulaires de la mer du sud.

Le hâvre, où mouilla le vaisseau, fut appelé port de la Résolution. On y fait commodément de l'eau et du bois.

Le

Le 21, nous mîmes à la voile, et nous cinglâmes vers l'île de Sandwich, pour mieux la reconnoître que nous n'avions encore fait. Nous découvrîmes les îles d'Apée, de Paoom, et d'Ambrym; nous côtoyâmes à une demi-lieue la rive sud-ouest de Mallicollo.

Enfin, le 24, nous découvrîmes une terre basse : nous doublâmes, le 25, un cap très-avancé dans la mer, et nous reconnûmes une grande et profonde baie, que nous jugeâmes être la baie de Saint-Philippe et de Saint-Jacques, découverte, en 1606, par Quiros.

Le 26, j'envoyai reconnaître la côte; trois pirogues à la voile s'avancèrent vers notre bâtiment. Les Indiens qui les montoient étoient nus, plus robustes, et mieux faits que ceux de Mallicollo. Une foule de circonstances concoururent à nous faire croire qu'ils appartenoient à quelque autre nation. Ils nommèrent les nombres 5 et 6, dans la langue d'Annamoka. Quelques-uns avoient les cheveux noirs et crépus, comme les natifs de Mallicollo; d'autres les avoient longs et relevés sur le sommet de la tête, et ornés de plumes, à l'instar des habitans de la nouvelle Zélande. Je ne leur ai pas vu d'autres armes, que des dards et des harpons, pour saisir les poissons. Ils nous nommèrent sans difficulté les îles voisines que nous leurs montrâmes, mais ils ne voulurent jamais nous donner le nom de la leur: je lui conservai donc celui de Terre de Saint.-Esprit, que Quiros lui a donné. Parmi les objets que nous leur offrîmes, ce furent sur-tout les clous qu'ils prirent avec le plus d'avidité. Quiros leur a peut-être laissé des ouvrages en fer qui leur sont devenus précieux.

Pendant une partie de la nuit, toute la côte occidentale de la baie fut illuminée de feux, depuis le rivage jusqu'au sommet des montagnes. Je ne puis dire à quelle occasion on les alluma, mais je ne saurois croire que ce fût par rapport à nous. J'ai pensé que les habitans brûloient ainsi les forêts et les broussailles pour défricher du terrain. Quiros, qui avoit vu ces feux comme nous, pensa que c'étoient des feux de joie, pour célébrer l'arrivée de ses vaisseaux.

Ce n'est pas sans raison que Quiros a vanté la beauté et la fertilité de ce pays : c'est un des plus magnifiques qu'il y ait au monde. De toutes les productions de la nature qui l'enrichissent, le cocotier est la plus remarquable.

Les plus septentrionales des îles de cet archipel ont été découvertes, pour la première fois, en 1606, par le célèbre navigateur Quiros. On crut, jusqu'à ces derniers temps, qu'elles faisoient partie d'un continent méridional. M. de Bougainville les reconnut en 1768; il débarqua sur une île, qu'il nomma île des Lépreux. Il prouva que la terre n'étoit point continue; que c'étoit un amas d'îles, et l'appela l'archipel des grandes Cyclades. Comme nous avons déterminé, non seulement l'étendue et la situation de ces îles, mais que nous en avons trouvé d'autres qui avoient échappé aux recherches, je crois avoir acquis le droit de les nommer : je les désignerai sous le nom des nouvelles Hébrides. (*Voyez sur la carte leurs situations respectives.*)

CHAPITRE XXI.

Détails sur les mœurs des habitans des nouvelles Hébrides. — Arrivée à la nouvelle Calédonie. — Description des insulaires.

CE groupe, que nous avons rapidement visité en quarante-six jours, pourra fixer un jour l'attention des navigateurs; sur-tout de ceux qu'on enverra pour faire des découvertes, dans les différentes parties des sciences. Je ne prétends pas qu'ils y trouveront l'or et les perles, dont Quiros étoit bien obligé de parler, pour exciter l'intérêt d'une cour avide.

Le premier septembre, nous perdîmes toutes les terres de vue; le 2, nous apperçûmes une terre au S. S. O. Nous ne pouvions distinguer si elle étoit continue, ou formée par un groupe d'îles. Elle se terminoit au sud-est par un grand cap, que j'appelai Coluett, du nom d'un de nos volontaires qui en eut le premier connoissance. Plusieurs tourbillons de fumée, que nous voyions sur la côte, nous prouvèrent qu'elle étoit habitée. Nous arrivâmes à un passage qui avoit l'apparence d'un excellent canal. Je projetois d'y atterrir, non seulement pour reconnoître le pays, mais encore plus pour y observer une éclipse de soleil qui devoit bientôt arriver. Je fis en conséquence sonder le canal par deux bateaux armés. Dix à douze pirogues s'avancèrent toutes à la fois vers le vaisseau ; mais la vue de nos bateaux les alarma sans doute, car elles retournèrent sur les récifs. Nous vérifiâmes alors que ce n'étoit qu'une terre basse, sans interruption, si ce n'est l'extrémité occidentale qui forme une île, nommée *Balabéa*, ainsi que nous l'apprîmes par la suite.

Seize ou dix-huit pirogues, dont les Indiens étoient la plupart sans armes, s'approchèrent de nous, dès que nous eûmes jeté l'ancre ; nous leur descendions nos présens au bout d'une corde. Ils y attachoient en retour des poissons si fort gâtés, que l'odeur en étoit insupportable. Deux Indiens se hasardèrent à monter sur le bord; ils furent suivis par une multitude d'autres. Quelques-uns se mirent à table avec nous. Ils n'eurent la curiosité de goûter ni à notre soupe aux pois, ni à notre bœuf, ni à notre porc salés; mais ils mangèrent volontiers de nos ignames. Toutes les parties de notre vaisseau excitèrent leur curiosité. Les chèvres, les cochons, les chiens, et les chats, étoient des êtres si nouveaux pour eux, qu'ils n'avoient pas même de terme pour les nommer. Ils faisoient grand cas des clous et des pièces d'étoffe, particulièrement de celles de couleur rouge. Ils admiroient généralement tout ce qui étoit rouge, mais ils ne proposoient rien en échange.

Après dîner, nous allâmes à

terre, avec deux bateaux armés. J'étois accompagné d'un de ces insulaires qui, de son propre mouvement, s'étoit attaché à ma personne. Nous débarquâmes sur une plage sablonneuse, en présence d'une multitude immense, qui nous accueillit avec des acclamations de joie, et cette surprise naturelle à des gens qui apperçoivent des hommes et des choses dont ils ne se faisoient aucune idée. Mon nouvel ami me présenta quelques vieillards ou des personnages de considération, auxquels je fis des présens : nous y retrouvâmes un chef, nommé Téobooma, qu'on avait vu le matin dans une des pirogues. Dix minutes après notre débarquement, il ordonna au peuple de faire silence ce, et on lui obéit : il nous adressa ensuite une courte harangue. A peine l'eut-il terminée, qu'un autre chef imposa, à son tour, silence à la multitude, et prononça un second discours. Ces harangues se composoient de phrases ou sentences très-courtes, à chacune desquelles deux ou trois vieillards répondoient par une inclination de tête, et une sorte de murmure, qui étoient sans doute une marque d'approbation, ou une réponse aux questions qu'on lui adressoit. Au surplus, nous ne pûmes rien deviner à ces discours, si ce n'est qu'ils nous paraissoient favorables.

Quelques-uns de ces insulaires étaient affectés d'une espèce de lèpre ; ils avoient les jambes et les bras d'une grosseur énorme; ils étoient tout-à-fait nus, si l'on en excepte deux cordons qu'ils portoient, l'un à la ceinture, l'autre autour de leur cou. Le petit morceau d'étoffe d'écorce de figuier qu'ils retroussent autour de leur ceinture, ou qu'ils laissent flotter, mérite à peine le nom de voile; il est plus déshonnête que décent. Ce même voile est souvent d'une telle longueur, qu'ils en attachent l'extrémité à la corde qui est autour de leur cou.

Quelques-uns avoient sur leur tête des chapeaux cylindriques et noirs, fabriqués d'une natte très-grossière, entièrement ouverts aux deux extrémités, et de la forme d'un bonnet de hussard. Ceux des chefs étoient décorés de petites plumes rouges;

de

de longues plumes noires de coq en ornoient la pointe. Le cartilage de leurs oreilles tombe jusque sur leurs épaules, et est fendu en deux, comme à l'île de Pâques. Ils y suspendent des anneaux d'écailles de tortues, ou bien ils insèrent dans le trou un rouleau de feuilles de cannes-à-sucre.

Je leur fis entendre que nous désirions avoir de l'eau ; les uns nous montrèrent l'est, d'autres l'ouest. Mon *ami* se chargea d'être notre guide ; nous rangeâmes la côte, l'espace d'environ deux milles, et nous arrivâmes à une source d'eau douce. Le sol des environs étoit bien cultivé, planté de cannes-à-sucre, de bananiers, d'ignames, et d'autres racines : du sein de ces plantations magnifiques, s'élevoient des cocotiers, dont les branches épaisses ne sembloient cependant pas fort garnies de fruits. Nous entendîmes le chant des coqs, mais nous n'en vîmes aucun. Les habitans faisoient cuire des racines dans une jarre de terre de la contenance de huit ou dix pintes, et nous ne doutâmes pas que ce vase ne fût de leur façon. M. Forster tira un canard, et ce fut le premier usage que ces peuples nous virent faire des armes-à-feu.

Les femmes et les enfans s'approchèrent familièrement de nous, sans témoigner la plus légère défiance. Le teint de la plupart des femmes était d'un brun très-foncé : leur stature était moyenne ; leurs formes étoient un peu grossières ; elles paroissoient alertes et robustes. Leur vêtement, qui consistoit en un jupon court de franges, ou de cordelettes repliées plusieurs fois autour de la ceinture, les défiguroit singulièrement. Ces femmes portoient, comme les hommes, des coquilles et des pendans d'oreilles. Quelques-unes avoient trois lignes noires, tracées longitudinalement depuis la lèvre inférieure jusqu'au bas du menton. Ce tatouage se pratique de la même manière qu'aux îles des Amis et de la Société.

Les huttes, bâties sur une petite monticule, à environ trente pieds de la rivière, étoient en forme de cône tronqué, et avoient dix pieds de hauteur : leur charpente consistait en bâtons entrelacés comme des claies. Elles étoient couvertes de nattes, et ensuite de paille, proprement arrangées. On n'y avoit de jour que par une ouverture d'environ quatre pieds de haut, de sorte que les Indiens ne peuvent y entrer ou en sortir qu'en rampant. Nous en visitâmes quelques-unes, et nous les trouvâmes remplies de fumée; il y avoit un monceau de cendres, d'où nous conclûmes que ces insulaires étoient obligés d'allumer du feu pour chasser les mousquites. Un Indien, nommé Hébaï, paroissoit le principal personnage de toutes les familles rassemblées dans ces environs. Nous lui fîmes des présens, et nous revînmes à bord peu de temps auparavant le coucher du soleil. Cette petite excursion nous apprit que la pauvreté de ce peuple étoit extrême, et que nous n'avions rien à espérer que la permission d'examiner le pays tout à notre aise.

Nous reçûmes, le lendemain, la visite de plusieurs centaines d'Indiens, qui arrivèrent, une partie dans des pirogues, et une partie à la nage. Ils avoient, dans leurs canots, des feux qu'ils entretenoient sur des pierres.

L'éclipse commença vers une heure après-midi ; mais des nuages ne nous permirent pas d'en observer le commencement. Nous fûmes plus heureux pour la fin. En voici le résultat, en temps *moyen :*

M. Walles, avec une lunette achromatique de 3 pieds et demi, exécutée par Dollond, la détermina à. . . . . . . 3ʰ 28′ 49″ ¼

M. Clarke, avec une lunette de 2 pieds, exécutée par Bird. . . . . 3ʰ 28′ 52″ ¼

Et moi, avec une lunette de 18 pouces, exécutée par Watkins . . . . . . 3ʰ 28′ 53″ ¼

La latitude du lieu de l'observation étoit de 20ᵈ 17′ 39″ au sud. La longitude, déduite de 48 observations consécutives, d'après les distances de la lune et du soleil, de la lune et des étoiles, se trouva de 164ᵈ 41′ 21″ à l'est. La montre marine donnoit 163ᵈ 58′ 6″.

Après avoir terminé nos observations, nous retournâmes à bord,

Quelques-uns de nos messieurs se rendirent à un ruisseau, où l'on remplissoit les futailles. Les bords étoient garnis de mangliers ; les arbres, les arbrisseaux qui les environnoient, leur offroient des richesses en Histoire Naturelle.

La conduite amicale des habitans rendoit ces excursions fort agréables. Ils nous apprirent quelques mots de leur langue, qui n'a aucun rapport avec l'idiome des autres îles. Leur caractère étoit doux et pacifique, mais d'une insouciance singulière. Rarement ils nous accompagnoient dans nos promenades. Si, en passant près de leurs huttes, nous leur adressions la parole, ils nous répondoient volontiers: si nous passions notre chemin sans leur rien dire, ils ne prenoient pas garde à nous. Les femmes montroient néanmoins un peu plus de curiosité. Elles se cachoient dans des buissons écartés pour nous observer; mais elles ne consentoient à venir auprès de nous, qu'en présence des hommes.

Ces insulaires ne parurent ni mécontens ni effrayés de ce que nous abattions des oiseaux à coups de fusils. Au contraire, quand nous nous approchions de leurs maisons, les jeunes gens s'empressoient de nous en montrer, pour avoir le plaisir de nous les voir tirer.

Le 7 septembre, je m'embarquai avec plusieurs personnes, pour acquérir une idée générale du pays. Dès que nous fûmes sur la côte, nous annonçâmes notre projet aux insulaires : deux s'offrirent à nous servir de guides. Ils nous menèrent sur les montagnes, par des chemins assez accessibles. Notre cortège se grossit d'un grand nombre d'Indiens qui accoururent avec nous. Lorsque nous eûmes gravi au sommet d'une des montagnes, nous apperçûmes la mer en deux endroits. Cette observation nous fut d'autant plus utile, qu'elle nous fit juger que la largeur du pays, en cette partie, n'étoit pas de plus de dix lieues.

Au milieu de cette chaîne de montagnes, est une vallée profonde, dans laquelle serpente une rivière ; sur les bords, se trouvent diverses plantations, et quelques villages, dont nous avions rencontré les habitans sur notre route : nous les trouvâmes en plus grand nombre sur les hauteurs, d'où, probablement, ils regardoient le vaisseau.

Les montagnes et les lieux élevés de cette île ne sont point susceptibles de culture; ce ne sont que des massifs de rochers; le peu de terre qui les recouvre est desséché ou calciné par les rayons du soleil. En général, cette contrée a beaucoup de rapport avec plusieurs districts de la nouvelle Hollande, situés sous le même parallèle. Il n'est pas jusqu'aux récifs de la côte qui n'aient frappé ceux qui avoient été dans les deux pays. Notre guide nous conduisit dans la plaine, à travers des plantations florissantes. Il y avoit quelques terrains en jachères, d'autres récemment défrichés; d'autres enfin en pleine culture. La première chose qu'ils font pour défricher leurs champs, c'est de mettre le feu aux herbes. Les engrais leur étant parfaitement inconnus, ainsi qu'aux autres insulaires de la mer du sud, ils laissent reposer leurs terres quand elles sont épuisées.

Nous trouvâmes, sur un autre côté du rivage, une grande masse irrégulière de rocher, dont la solidité étoit de dix pieds cubes. C'étoit une pierre de corne compacte, étincelante de grenats un peu plus gros que des têtes d'épingles. Cette découverte nous démontra qu'il y avoit, sur cette île, des minéraux précieux. Nous trouvâmes, dans les forêts, de jeunes arbres-à-pain, qui nous parurent être venus sans culture. M. Forster y recueillit une plante de l'espèce de la fleur de la passion. On croyoit qu'elle ne se trouvoit qu'en Amérique.

M. Forster, en visitant une cabane, y rencontra trois femmes, l'une de moyen âge, la seconde et la troisième un peu plus jeunes. Elles allumoient du feu sous un des grands pots de terre dont j'ai déjà parlé. M. Forster s'approcha pour connoître la manière dont ce peuple prépare ses alimens. Ce ne fut qu'avec peine qu'elles lui permirent d'en faire l'examen ; elles le supplièrent, par signes, de s'en aller ; et, montrant les cabanes voisines, elles se passèrent, à plusieurs reprises, les
doigts

doigts sous le gosier, comme si elles eussent voulu donner à entendre par là que si, par malheur, on venoit à les surprendre avec un étranger, on les étrangleroit, ou qu'on les mettroit à mort d'une autre manière. Celles des environs de l'aiguade étoient moins timides; elles provoquoient nos matelots, et les attiroient derrière les buissons. A peine leurs adorateurs se mettoient-ils en devoir de les suivre, qu'elles s'enfuyoient avec agilité, riant de bon cœur de leur supercherie.

Mon secrétaire fit emplette d'un poisson que les Indiens avoient harponné. Ce poisson, d'une espèce toute nouvelle, avoit quelque ressemblance avec ceux qu'on nomme *soleils*, et nous le rapportâmes au genre *tetradon* de Linnée. Sa tête étoit hideuse, grande, et alongée. Ne pensant point qu'il eût rien de venimeux, j'ordonnai qu'on le préparât, et qu'on le servît, dès le même soir, sur la table. Heureusement le temps de le dessiner ne permit pas de le cuire; on n'en servit que le foie. MM. Forster et moi, fûmes les seuls qui en mangeâmes, et nous nous trouvâmes fort incommodés; l'émétique nous tira d'affaire. Un des cochons qui, dans la matinée, avoit mangé les entrailles du poisson, fut trouvé mort. Quand les habitans vinrent à bord, et qu'ils apperçurent le poisson, ils en témoignèrent de l'horreur, annonçant que c'étoit une nourriture malsaine; mais, au moment de le vendre, ils ne nous en avoient point avertis.

Le chef Téabooma m'ayant envoyé, le 8, un présent d'ignames et de cannes-à-sucre, je lui donnai, en retour, deux jeunes chiens mâle et femelle. Le chien étoit blanc, tacheté de feu ; la chienne avoit le poil entièrement roux. Téabooma ne pouvoit d'abord se persuader que je lui donnasse réellement les deux chiens ; dès qu'il en fut convaincu, il en fut transporté de joie, et les mena aussitôt à son habitation.

Dans l'après-midi du 9, on remarqua sur le rivage, et ensuite auprès du vaisseau, un Indien aussi blanc qu'un Européen. Je ne l'ai point vu ; mais cela tient sans doute à quelque maladie. Nous avions déjà trouvé de pareils hommes à Otahiti et aux îles de la Société.

Les hommes de la nouvelle Calédonie nous parurent avoir moins d'égards envers leurs femmes, que les habitans de Tanna. Les Indiennes se tenoient toujours éloignées de leurs maris, et paroissoient craindre de les offenser, même par leurs regards ou par leurs gestes. Plusieurs traînoient sur leur dos des fagots de bois à brûler, tandis que leurs indolens maris les regardoient faire.

Dans la soirée, je vis revenir des bateaux que j'avais envoyés à l'ouest. Ils m'instruisirent des particularités suivantes. Le matin même du jour de leur départ, ils avoient atterri pour monter sur une hauteur, d'où la vue s'étendoit sur toute la côte. M. Gilbert avoit cru la voir se terminer à l'ouest; M. Pickersgill n'étoit pas de cette opinion. Ils se rendirent de là à Balabéa, où ils n'arrivèrent qu'après le soleil couché. Comme ils en partirent le lendemain avec le crépuscule, leur expédition devint inutile; ils n'avoient pas de trop des deux jours suivans pour regagner le vaisseau. Un des bateaux fit tout-à-coup une voie d'eau, et se trouva sur le point de couler bas; ce qui força de jeter beaucoup de choses par-dessus bord, afin de parvenir à l'étancher. Téaby, chef de Balabéa, ainsi que les habitans qui s'étoient rassemblés sur le rivage, leur firent l'accueil le plus flatteur. Cependant, pour n'être pas trop importunés par la foule, les officiers tirèrent une ligne, et avertirent les Indiens de ne point passer outre. Les Indiens obéirent sans résistance à cette injonction ; bientôt après, un d'eux trouva moyen de profiter d'un expédient semblable. Un des nôtres vouloit lui acheter des noix de cocos, et lui ne vouloit pas les vendre : il se retira; et, voyant que l'acheteur le suivoit opiniâtrement, il s'assit tranquillement sur le sable, traça, autour de lui, un cercle, et notifia à l'Anglais qu'il lui enjoignoit de ne point dépasser cette ligne de démarcation ; elle fut en effet respectée.

En débarquant, M. Pickersgill trouva la partie nord-ouest de l'île assez semblable à celle qui avoisinoit notre mouillage : mais elle étoit plus fertile et plus cultivée. Les cocotiers y étaient en plus grand nombre.

L'un des naturels qui le suivit à Balabéa s'appeloit Boobik. Cet homme étoit fort gai, et très-différent, en cela, de presque tous ses compatriotes. Il causa d'abord beaucoup pendant la traversée ; mais bientôt, inondé par les vagues qui se brisoient sur le bateau, il devint silencieux. Il se glissa sous la banne de la chaloupe, pour s'y abriter des vagues et du froid.

Les naturels de Balabéa sont absolument la même race d'hommes que ceux de la nouvelle Calédonie. Leur caractère est aussi bon : ils troquèrent volontiers leurs armes contre de petits ouvrages de fer, ou des étoffes d'Otahiti.

Le détachement se retira le soir sous des buissons ; il y soupa avec du poisson qu'on avoit acheté et fait griller. Quelques insulaires, qui demeurèrent avec M. Pickersgill, parlèrent d'une grande terre située au nord, et nommée *Mingha*, dont les habitans étoient leurs ennemis, et fort adonnés à la guerre. Ils indiquèrent aussi un mondrain où étoit enterré un de leur chef qui avoit succombé sous les coups d'un naturel de Mingha.

Vers la fin du souper, les Indiens, ayant vu quelques-uns des matelots ronger un os de bœuf, se mirent à causer entre eux d'un ton de voix très-haut, et avec une extrême agitation. Ils regardoient nos gens avec un air d'étonnement et de dégoût, et indiquoient, par leurs gestes, qu'ils les soupçonnoient de manger de la chair humaine. M. Pickersgill fit tous ses efforts pour les détromper; mais il ne put s'en faire entendre. Comment y seroit-il parvenu, puisque les insulaires n'avoient jamais vu de quadrupèdes en vie?

La chaloupe avariée n'ayant pas été réparée d'une manière suffisante, M. Pickersgill et quelques autres personnes furent obligés de débarquer sur la nouvelle Calédonie. Ils ne laissèrent que les rames dans le bâtiment, et ils firent près de vingt-quatre milles (huit lieues) à pied, jusqu'à ce qu'ils eussent gagné le travers du vaisseau. Un des aides du chirurgien rassembla, sur l'île de Balabéa, une collection prodigieuse de coquillages nouveaux et curieux, et plusieurs nouvelles espèces de végétaux différens de ceux que nous avions vus dans les autres cantons.

Le 12, j'ordonnai au charpentier de réparer la voie d'eau de la chaloupe. Comme le chef Teabooma n'avoit point reparu, depuis que je lui avois fait présent des deux chiens, et que je desirois multiplier sur cette terre une race de cochons, j'embarquai dans ma chaloupe un verrat et une truie, et j'allai à la crique des mangliers, pour y chercher mon *ami*, et lui en faire cadeau. Il étoit absent; et, comme il ne revenoit pas, je résolus de confier les cochons à la garde du plus distingué des insulaires qui étoient sur les lieux. Je les offris donc à un vieillard dont les dehors respectables m'inspiroient toute confiance; mais il me répondit, en secouant la tête, ainsi que ceux qui l'accompagnoient, qu'il me prioit de reprendre ces animaux dans mon bateau, parce qu'il en avoit peur. Il faut convenir que la figure de ces quadrupèdes n'est pas des plus attrayantes; et ceux qui n'en ont jamais vu ne doivent pas en être émerveillés.

Comme je persistois à laisser les cochons dans l'île, ils parurent délibérer ensemble sur ce qu'ils avoient à faire. Notre guide me dit ensuite de les envoyer à l'*alée-kée*, ou chef. Nous nous fîmes donc présenter au chef que nous trouvâmes dans son habitation, au milieu d'un cercle de huit ou dix personnes d'un âge mûr. On m'introduisit, moi et mes cochons, et l'on me pria de m'asseoir. Je vantai alors l'excellence des deux quadrupèdes : je m'efforçai de leur faire entendre combien la femelle donneroit de petits en une seule portée, et combien, par ce moyen, la propagation seroit rapide. C'est ainsi que je me vis forcé d'exagérer la valeur de ces animaux utiles, afin d'engager les Indiens à les soigner : je crois qu'à cet égard mon zèle a été couronné du succès. Sur ces entrefaites, deux personnes qui avoient quitté la compagnie revinrent avec six ignames qu'elles me donnèrent.

Il y a, sur les bords de cette rivière,

rivière, un petit village, beaucoup plus considérable que je ne l'avois jugé d'abord. Le terrain cultivé dans les environs est d'une assez grande étendue. La distribution en est régulière : on voit par-tout des plantations d'ignames, de cannes-à-sucre, de bananes, et de racines qu'ils appellent *taro* ou *eddy*. Les champs d'eddy étoient ingénieusement arrosés par des rigoles, qui transportoient, par des sinuosités, à travers la plantation, les eaux du principal ruisseau qui coule des montagnes.

Ils ont deux méthodes de culture pour les racines. Quelques-unes des plantations sont sur un terrain horizontal, qui a la forme d'un quarré ou d'un parallélogramme. Ils abaissent le sol au-dessous du niveau des terres adjacentes, de sorte qu'ils peuvent introduire sur les plantes autant d'eau qu'ils veulent : j'ai vu communément sur ces quarrés deux ou trois pouces d'eau ; mais j'ignore si cela est toujours indispensablement nécessaire.

D'autres racines croissent sur des planches bombées, larges de trois ou quatre pieds, hautes de deux ou de deux et demi. Ils pratiquent au milieu de la planche une rigole étroite, où coule l'eau destinée à arroser les racines, de chaque côté de ce petit canal. Les eaux sont si judicieusement distribuées, que le même courant sert à arroser plusieurs planches. Ces planches, relevées en anse de panier, servent quelquefois à diviser les plantations horizontales ;

et, quand cette méthode est employée, ce qu'ils font lorsqu'ils sont obligés de réserver un sentier ou quelque passage, ils ne perdent pas un pouce de terrain. Peut-être aussi que la différence des racines cultivées d'après l'un ou l'autre procédé rend les deux préparations nécessaires. Ces racines ne sont pas toutes d'une même couleur; il en est qui sont plus succulentes que les autres, mais elles sont très-nourrissantes et très-saines. Le corps même de la plante fournit encore une bonne espèce de légume que mangent les naturels.

Après avoir erré au milieu des marais et des plantations, nous trouvâmes une maison isolée des autres, entourée de palissades, et derrière laquelle il y avoit un rang de colonnes de bois. Chacune avoit un pied quarré de largeur sur neuf de hauteur : le chapiteau représentoit une tête d'homme grossièrement sculptée. Nous y rencontrâmes un vieux solitaire, qui nous déclara que c'étoit son cimetière.

Nous rencontrâmes ensuite des naturels, et sur-tout des femmes, qui défrichoient et retournoient avec la bêche une pièce de terre marécageuse, sans doute pour y planter des ignames et des eddys. Elles se servoient pour cet objet d'un instrument, dont le bec étoit recourbé et pointu. Ce même instrument semble leur servir aussi d'arme offensive.

La qualité maigre du sol exige

que l'on apporte un soin extraordinaire à la culture.

L'après-midi, je retournai à terre; je fis graver, sur un arbre voisin de l'aiguade, une inscription qui contenoit le nom du vaisseau, la date de notre arrivée, etc. J'ai rempli cette formalité sur toutes les nouvelles terres que nous avons reconnues.

Il étoit temps de quitter la nouvelle Calédonie : nous prîmes congé de nos amis, et retournâmes au vaisseau. Je fis tout disposer pour remettre à la voile le lendemain.

FIN DU TOME TROISIÈME.

TABLE

DES CHAPITRES

contenus dans le tome troisième du second Voyage.

Second Voyage du capitaine Cook.

Chap. XIV. Flotte d'Otahiti. — Succès d'Œdidée, parmi les Otahitiens. — Réception d'une grande abondance de vivres. — Entrevue avec la vieille Obéréa,   pages 1

Chap. XV. Arrivée à Uliétéa. — Fêtes des Arréoys. — Leurs mœurs et leurs débauches. — Saillies du roi O-réo. —

Faux renseignemens sur le vaisseau
l'*Aventure*, 43

Chap. XVI. Nouveaux détails sur la religion et les mœurs des habitans de ces îles, 72

Chap. XVII. Passage d'Uliétéa aux îles des Amis. — Nouvelles découvertes. — Variétés d'incidens, 84

Chap. XVIII. Passage aux Nouvelles-Hébrides. — Découvertes de différentes îles. — Relâche dans le port Sandwich, île Mallicollo, 106

Chap. XIX. Découverte de quelques autres îles. — Incidens survenus au cap des Traîtres. — Relâche dans l'île de Tanna. — Mœurs des habitans, 130

Chap. XX. Description des îles d'Annatom, d'Erronam, de Tanna, et de plusieurs autres. — Relâche au port de la Résolution, 168

CHAP. XXI. Détails sur les mœurs des habitans des nouvelles Hébrides. — Arrivée à la nouvelle Calédonie. — Description des inondations. 186

FIN DE LA TABLE.

www.ingramcontent.com/pod-product-compliance
Lightning Source LLC
Chambersburg PA
CBHW071944160426
43198CB00011B/1532